W0109851

Ralf Kramp
So tot wie nie

Vom Autor bisher bei KBV erschienen:

Tief unterm Laub
Spinner
Rabenschwarz
Der neunte Tod
Still und starr
... denn sterben muss David!
Kurz vor Schluss (Kriminalgeschichten)
Malerische Morde
Hart an der Grenze
Ein Viertelpfund Mord (Kriminalgeschichten)
Ein kaltes Haus
Totentänzer
Nacht zusammen (Kriminalgeschichten)
Stimmen im Wald
Voll ins Schwarze (Kriminalgeschichten)
Starker Abgang (Kriminalgeschichten)
Mord und Totlach (Kriminalgeschichten)
Totholz
Schuss mit lustig (Kriminalgeschichten)
Ihr Mord, Mylord
Abendlied
Aus finsterem Himmel
Mord mit Eifelblick
Kurz und kopflos (Kriminalgeschichten)
Ein Grab für zwei

Ralf Kramp, geb. 1963 in Euskirchen, lebt in einem alten Bau-
ernhaus in der Eifel. Für sein Debüt *Tief unterm Laub* erhielt er
1996 den Förderpreis des Eifel-Literatur-Festivals. Seither erschienen mehrere Kriminalromane und zahlreiche Kurzge-
schichten. In Hillesheim in der Eifel unterhält er zusammen mit
seiner Frau Monika das »Kriminalhaus« mit dem »Deutschen
Krimi-Archiv« (30.000 Bände), dem »Café Sherlock«, einem Kri-
mi-Antiquariat und der »Buchhandlung Lesezeichen«.
www.ralfkramp.de · www.kriminalhaus.de

Ralf Kramp

So tot wie nie

1. Auflage 2017
2. Auflage 2021

© KBV Verlags- und Mediengesellschaft mbH, Hillesheim
www.kbv-verlag.de
E-Mail: info@kbv-verlag.de
Telefon: 0 65 93 - 998 96-0
Fax: 0 65 93 - 998 96-20
Umschlagillustration: Ralf Kramp
Druck: CPI books, Ebner & Spiegel GmbH, Ulm
Printed in Germany
ISBN 978-3-95441-391-1

Für die legendäre »Blutspur«-Crew:
Willi, Dalina, Thorben, Catrin,
Reiner, Christoph und Christof

Inhalt

Hab ich schon vorher gewusst

Es war wie immer. Am Sonntagabend wusste es Frau Hammelmann schon wieder mal nach nur sieben Minuten: »Ist doch wohl klar. Der Mann vom Forstamt hat sie erschossen. Der Verklemmte, der immer die Nase so hochzieht. Der ist kurzsichtig, raucht Filterlose und hat ein Verhältnis mit der Frau, die den Kontrabass spielt.«

Ihr Mann starrte sie ungläubig von der Seite an. »Woher willst du denn das mit dem Verhältnis wissen?«

Sie verdrehte die Augen. »Ach komm, der Telefonanruf um vier, das Quietschen der Bremsen und die Postkarte aus Kuba mit dem verwischten Stempel«, sagte sie genervt.

»Und das Motiv?«, fragte ihr Mann fassungslos.

Sie sah ihn kopfschüttelnd an. »Also, wenn du das noch nicht erkannt hast ...« Und seufzend erklärte sie: »Wegen des Einbruchs vor zehn Jahren und der kaputten Porzellanschüssel von ihrer Großmutter. Denk doch bitte einmal nach: der Riss, der genauso aussah wie der Dortmund-Ems-Kanal.«

Am Ende des Krimis hatte sie mit jedem Detail richtiggelegen. So wie immer. »Siehste. Hab ich schon vorher gewusst.«

Frau Hammelmann lag seit Jahren immer richtig.

Auch am nächsten Abend.

»Pass auf, die Prostituierte aus dem Club führt bestimmt ein Doppelleben und hat den Lehrer erstochen.«

»Aber der Lehrer ist doch gar nicht erstochen worden!«

»Wetten, wohl? Das zeigen die aber gleich erst.«

Ein paar Minuten später wurde tatsächlich die Leiche des Lehrers eingeblendet. In seiner Brust steckte eine

Heckenschere. Frau Hammelmann gähnte. »Sag ich doch. Und die Leiche am Anfang war ein Unfall.«

»Wohl kaum.«

»Jaja, warte du nur ab.«

Die Auflösung zum Schluss gab ihr natürlich recht. Sie schenkte ihrem Mann ein breites Siegerlächeln. Es sah auch ein wenig herablassend aus.

Am Dienstagabend schaltete ihr Mann zuerst zwischen ein paar Programmen hin und her.

Das Erste: »Haben wir schon gesehen. Da war es die Friedhofsgärtnerin. Wegen der Fehldiagnose im Krankenhaus.«

ZDF: »Die haben das zu dritt getan, erinnerst du dich? Das mit dem Stromschlag. Die Fahrradfahrerin, der Mann vom Wasserwerk und die Nonne.«

Herr Hammelmann konnte sich nicht erinnern.

Drittes Programm: »Das auch schon. Da hat der Halbbruder den Stiefvater wegen der Cousine erwürgt, und die Tante zweiten Grades erpresst ihn gemeinsam mit dem unehelichen Neffen, um an das Erbe vom Urgroßvater heranzukommen, das sonst die Nichte kriegt, weil sie die Schwester des Schwippschwagers vom angeheirateten Cousin ist, was aber keiner weiß.«

Auf dem nächsten Kanal lief etwas, was seine Frau noch nicht kannte. Aber schon nach einer Viertelstunde sagte sie gelangweilt: »Ich wette, es war dieser Zoowärter. Der mit dem künstlichen Bein. Der hat ihn überfahren.«

»Das glaube ich nicht«, versuchte ihr Mann einen zaghaften Konter. »Es war ganz sicher sein Nachbar. Der mit dem Glasauge.«

»Ach Quatsch! Das soll doch nur so aussehen.«

Am Ende wurde der Zoowärter verhaftet, und seine Frau lachte schnarrend. »Hab ich doch gleich gesagt. Oh Mann, dass die dich immer wieder reinlegen.«

Am folgenden Abend nahm sie zuerst ein Bad und fragte: »Was kommt denn heute? Hoffentlich was, was wir noch nicht gesehen haben.«

»Nein, das kennen wir noch nicht«, sagte ihr Mann, als er sich über die Wanne beugte, um ihr den Rücken einzuseifen, so wie sie es immer von ihm verlangte. »Aber ich weiß diesmal schon, was passiert.«

Für einen Moment trafen sich ihre Blicke im Spiegel. Sie runzelte verständnislos die Stirn und wollte gerade etwas fragen. Da drückt er sie unter Wasser.

»Eine Frau ertrinkt«, erklärte er mit zusammengebissenen Zähnen. Sie versuchte, seine Hände wegzustoßen, die er ihr unter Wasser schwer auf Gesicht und Schultern legte.

»Es war der Ehemann«, fuhr er fort. Ihre Füße strampelten, und Wasser spritzte umher. Kleine Schaumflocken tanzten durch die Luft.

»Ganz, ganz einfache Geschichte. Er hatte die jahrelangen Demütigungen satt«, verriet er schwer atmend das Motiv. Die Bewegungen seiner Frau wurden schwächer. Ihre Gegenwehr ließ langsam nach.

Wenig später betrachtete Herr Hammelmann mit einem triumphierenden Lächeln den leblosen Körper unter Wasser. Er nickte seiner toten Frau zu und sagte mit einem hämischen Unterton: »Und? Hast du das schon vorher gewusst?«

Friede, Freude, Flaschenbierchen

Wir sind hier nicht gewalttätig. Das mit den Krimis überall, das ist ja nur … also bei uns gibt es so gut wie gar nichts, was … also, wir sind friedlich und verstehen uns prima, doch, ehrlich. Also fast immer. Fast überall hier in der Gegend. Fast alle.

Nun ja, bis auf Trimborns Hubert vielleicht. Der läuft schon mal ab und zu ein bisschen neben der Spur. Der Hubert ist einen Meter achtundneunzig groß, hat ein Kreuz wie ein Bushaltestellenwartehäuschen und ein Gesicht wie ein Kilo Sülze. Ist eher so von der groben Fraktion. Verdient sein Geld mit Sachen, wo man nicht mehr denken muss als nötig. Beim Holzrücken beispielsweise. Hat auch mal eine Uhrmacherlehre gemacht. Oder eine als Bauzeichner? Nee, doch Uhrmacher. Ja, Uhrmacher. Aber nur zweieinhalb Wochen.

Ja, der Hubert kann schon mal ausrasten. Da bricht auch schon mal der ein oder andere Kiefer. Ist eben so. Das hat aber ja nichts mit der Gewalt zu tun, die man in diesen Krimis sieht oder liest. Das ist eher so was wie eine volkstümliche Sportart, wenn Sie verstehen, was ich meine.

Na ja, und da wär dann noch Strunks Heinz-Georg, der ist auch so ein Grenzfall. Zeorsch sagen alle zu dem. Eigentlich total friedlich. Eigentlich. Ja, gut, der hat manchmal seine fünf Minuten. Kleines, drahtiges Männchen. Sammelt allerlei Waffen in seinem Keller. Faustfeuerwaffen, Langwaffen, Säbel, altes Militärwerkzeug und so. Jedes Mal wenn ich in der Zeitung lese, dass mal wieder irgendwo so ein Waffennest ausgehoben worden ist, dann lache ich nur und denke: »Leute, da wart ihr aber noch nicht beim Zeorsch im Souterrain.«

Aber auch der Zeorsch – total friedlich! Meistens …

Das sind aber wirklich Ausnahmen. Nee, ehrlich. Das ist ja hier nicht die Bronx – das ist die Eifel! Hier werden keine Banken geplündert und keine Bandenkriege ausgetragen, hier gibt es keine Mafia, keine Entführungen und keine Zwangsprostitution und so Sachen. Schöne Landschaft mit Ginster und Seen und Bergen, himmlische Ruhe, Vögelchen, Häschen, all so was.

Die Krimis … die finden im Buch statt und im Fernsehen. Gucken wir auch. Ist ja alles spannend. Mord und Totschlag und so. Käm aber für uns nicht infrage.

Zingsheims Tünn, unser Ortsbürgermeister … Heizung Sanitär Zingsheim. Der Tünn sorgt immer dafür, dass das hier auch so friedlich bleibt. Der schafft das jedes Mal, die Wogen zu glätten, wenn irgendwo dann doch mal Zoff in der Bude ist. Kirmesschlägerei, Nachbarschaftszank, Ehekrach … Der schlichtet jeden Streit, und am Ende, da sind dann alle wieder bei einem Bierchen die besten Freunde. Fläschchen auf, Prost, wir haben uns lieb. Jedes Mal. Der hat das einfach drauf, der Tünn.

Einmal – das hat er mir mal unter dem Siegel strengster Verschwiegenheit erzählt – da war der mal wieder auf der Pirsch im Wald. Der Tünn ist passionierter Jäger. Und da hat der plötzlich was Merkwürdiges beobachtet. Da hinten, an dem alten Steinkreuz bei der jungen Fichtenschonung, die sich runter bis an die Bundesstraße zieht. Der Tünn sagte zu mir: »Ich geh da so leise zwischen den Fichten durch, un da … da hattemer plötzlich so ne Art Sittewazion!«

Den Trimborns Hubert hat er da gesehen. Den großen, kantigen Hubert. Mit nem Knüppel. Also mit so
einem großen, harten, knorrigen Ast. Den hat der prü-
fend in der Hand gewogen und hin und her gewendet
und begutachtet. Also, der hatte da ganz offensicht-
lich was mit vor, konnte man sehen, sagte Zingsheims
Tünn. Der wartete auf irgendwen.

Der Tünn hat nur kurz überlegt und war dann auch
ganz schnell im Bilde. Das war nämlich der Spazier-
weg, den der Horst immer nahm. Der Horst Schleusser vom Amt. Welches Amt weiß ich jetzt gar nicht.
Gesundheitsamt? Einwohnermeldeamt? Fällt mir doch
jetzt partout nicht ein. Ach, doch, ich glaube Straßenverkehrsamt. Doch, Straßenverkehrsamt.

Oder doch Einwohnermeldeamt … egal.

Also der Schleussers Horst, der machte genau da jeden Abend seinen Spaziergang, wo der Hubert hinter
einem Baumstamm stand und wartete. Immer zwischen Brisant und der Tagesschau. Konnte man die Uhr
nach stellen.

Nee, doch Einwohnermeldeamt.

Und Zingsheims Tünn sieht also aus ein paar Metern
Entfernung, wie der Hubert da lauert, und weiß direkt:
Das gibt Stunk. Der Horst, der ist nämlich … ja, wie
soll man das sagen … also es gibt einfachere Menschen.
Wenn man mal mit irgendwem Ärger kriegen will, da
nimmt man am besten Schleussers Horst. Geht ganz
leicht. Muss man gar nicht viel machen.

Aber Schleussers Horst ist auch nicht gewalttätig! Nur
hinterhältig. Doch, muss man sagen, der ist schon eine
richtige Ratte.

Tünn vermutete also, dass der Hubert da auf Schleussers Horst wartete. Aber da raschelt plötzlich was, und auf der anderen Seite vom Weg erscheint jetzt noch einer im Gestrüpp. Und jetzt halten Sie sich fest: Da kommt der Zeorsch angeschlichen. In der rechten Hand ein Messer. Eins von diesen großen, langen, mit der zweischneidigen Klinge. Prachtexemplar aus seiner tollen Waffensammlung.

Stellt sich jetzt auf der anderen Seite vom Weg in Positur und wartet ebenfalls.

So, und das ist jetzt das, was Zingsheims Tünn als »ne Sittewazion« bezeichnet hat. Zwei Männer, zwei Waffen, ein Weg, aber noch kein Opfer. Ganz einfache Dreisatzrechnung. Muss man nur addieren. Nee, multiplizieren. Oder doch addieren. Egal.

So, da stehen die zwei jetzt also.

Doch, multiplizieren.

Der Hubert, der hat den Zeorsch natürlich gleich bemerkt, als der angeschlichen kam. Der Zeorsch denkt zwar immer, er könnte unauffällig schleichen. Kann der aber irgendwie gar nicht. Alles, was der tut, begleitet der mit Geräuschen. Also so ein Brummen. Wenn der aus dem Auto aussteigt … Brumm, brumm. Wenn der im Vereinsheim auf der Toilette nebenan sitzt … Brumm, brumm, brumm. Wenn der Gurkengläser aufschraubt oder einfach nur in der Sonne rumsitzt … Brumm, brumm. Immer. Also auch wenn der ganz leise schleicht … Brumm, brumm, brumm.

»Was willst du denn hier?«, sagt der Hubert laut. »Mach dich vom Acker.«

Und der Zeorsch erschreckt sich fast zu Tode und ruft dann ganz giftig zurück: »Ich hab hier was zu erledigen. Verzieh dich!« Und das Messer hat im Mondlicht aufgeblitzt, hat Zingsheims Tünn erzählt.

Der Hubert hebt drohend seinen Knüppel und knurrt: »Wenn du bei drei nicht weg bist, dann schlag ich dich gleich mit tot.«

»Ach ja? Wen denn sonst noch?«, fragt Zeorsch.

»Das geht dich zwar nix an, aber den Schleusser!«

»Schleussers Horst vom Bauamt?«

»Nee, vom Veterinäramt. Der hat auf der Kirmes hinterm Zelt meine Leni befummelt. Den mach ich tot.«

»Das lässt du mal schön bleiben! Den töte ich nämlich! Der hat mir die Bullen auf den Hals gehetzt. Und jetzt hab ich den Lappen weg!«

»Von wegen! Ich schlag dem den Schädel ein!«

»Nee, ich stech den ab!«

So, wie gesagt, jetzt hatte Zingsheims Tünn also plötzlich »ne Sittewazion«. Das war ein Pulverfass! Das konnte jeden Moment explodieren! »Deeskalation!«, hat mir Zingsheims Tünn gesagt. »Deeskalation ist in so einem Moment das Gebot der Stunde!«

Die zwei Streithähne gehen langsam aufeinander zu. Der Knüppel wird schon bedrohlich in die Luft gereckt und steuert auf den Kopf vom Zeorsch zu, das Messer wird nach vorne gestreckt, auf den Hals vom Hubert gerichtet.

Und da, in diesem brandgefährlichen Moment, taucht plötzlich der nichtsahnende Schleussers Horst an der nächsten Wegbiegung auf. Was passiert jetzt?

Und Zingsheims Tünn behält ja in solchen Momenten immer einen ganz kühlen Kopf. Eiskalt, der Kerl. Der weiß, wie man einen Streit schlichtet, bevor am Ende einer weint. Deeskalation, sag ich nur!

Er reißt die Flinte von der Schulter, legt an, zielt nur ganz kurz, aber unheimlich präzise, und … Paaf! … Schleussers Horst kippt tot um und bleibt auf dem Waldweg liegen. Aus fuffzich Metern exakt mitten in die Stirn. Toll, oder? Jahaaa, so ist der! Zingsheims Tünn!

»So, Jungens«, hat er dann zu den zwei Krawallbrüdern gesagt. Mit fester Stimme, wie er das immer so macht. »So, Jungens. Und jetzt ist Schluss mit der Zankerei. Ihr vertragt euch wieder. Bei mir im Dorf herrscht Frieden!« Der Tünn, hach … also ehrlich, der Tünn …

Die zwei, die zuerst gar nicht kapiert haben, wo der Tünn denn so plötzlich herkam und was da eigentlich genau passiert war, die haben sich richtig geschämt und haben dem dann geholfen, alles wieder aufzuräumen und so. Und hinterher haben die dann ein Bierchen getrunken. Ganz friedlich. Dicke Freunde.

So geht das bei uns in der Eifel. Mal ehrlich, Krimi ist doch anders, oder?

Ein Sommermärchen

Kein Rasenmäher, keine schrille Fräse,
die Tischkreissäge steht verwaist,
kein Schredder und kein Laubgebläse.
Mein Nachbar ist seit heut verreist.

Kein Qualm von schwarz verkohlten Steaks,
kein lautes Fußballspiel im Radio mehr.
Jetzt ist er schon zwei Stunden unterwegs.
Er fährt nach Norden hin, zum Meer.

Wann hab zuletzt ich solches Glück verspürt?
Fast denke ich, es wär ein Traum.
Doch es ist wahr, er liegt verschnürt
hinten bei mir im Kofferraum.

Pralinen?

Herr Schirmeyer rappelte mit dem kleinen, flachen Paket im bunten Geschenkpapier. Pralinen? Ja, kein Zweifel. Wer verschenkte denn heutzutage noch Pralinen? Das war doch eher so eine Verlegenheitssache, wenn einem nichts Besseres mehr einfiel. Ein Präsent für Leute, die man eigentlich kaum kannte.

Er zupfte an einem Zipfel der Verpackung und enthüllte eine Ecke der Schachtel. Pralinen, genau wie er das vermutet hatte.

Die Stimme seiner Frau kam aus der Küche: »Was ist denn drin? Pralinen?«

»Ja, Pralinen«, rief er und rupfte den Rest des Papiers davon. »Von wem hast du sie?«

»Von Frau Brauer vom Lottogeschäft. Weil ich letztens den Krankenwagen gerufen habe, als sie beim Salzstreuen ausgerutscht war. Du erinnerst dich?«

»Jaja, ich erinnere mich.« Er öffnete die Schachtel und ließ den Zeigefinger über den kleinen, schokoladigen Leckereien in ihren goldfarbenen Kunststoffvertiefungen kreisen. Eigentlich machte er sich nichts aus Pralinen. Er lehnte sie nicht ab, sie waren ihm mehr oder weniger egal.

Er pickte eine heraus, die ihm appetitlich erschien. Sie wurde von einer kleinen Mandel gekrönt. Als er sie zwischen seinen Fingern hielt und von allen Seiten betrachtete, musste er schmunzeln und daran denken, dass ihm ein solches Päckchen Pralinen schon einmal eine große Hilfe gewesen war. Das lag nun etwa ein Jahr zurück. Beim letzten Besuch bei seiner Tante Gisela hatte er so eine Schachtel im Gepäck gehabt. Als er sie ihr bei seiner Ankunft überreicht hatte, hatte sie sich sehr gefreut. Sie hatte mit dem Päckchen gerappelt, fein gelächelt und mit mädchenhaftem Tonfall gefragt: »Pralinen?«

Er hatte ihr milde zugenickt, woraufhin sie erwidert hatte: »Du weißt doch, dass ich eigentlich keine Süßigkeiten essen soll.« Sie war ein körperliches Wrack gewesen, seine Tante Gisela. Sie lag mehr oder weniger den ganzen Tag im Krankenbett und ernährte sich fast nur noch von Medikamenten. Ach, und reich war sie auch gewesen. Erfreulich reich.

Herr Schirmeyer ließ jetzt die Praline in seinem Mund verschwinden. Er genoss es, erst ein wenig von der süßen Schokolade schmelzen zu lassen, bevor er begann zu kauen. Marzipan. Das mochte er eigentlich ganz gerne.

Während seines letzten Besuchs hatte Tante Gisela die Pralinen zwar nicht angerührt, aber schon am Tag nach seiner Heimreise erhielt er prompt den erhofften Anruf, dass sie sehr plötzlich ihrem langjährigen Leiden erlegen war. Niemand hatte Verdacht geschöpft. Die restlichen Pralinen hatte offenbar niemand untersucht. Bei der Menge an Gift, das er hineingespritzt hatte, war sie sicherlich schon nach dem ersten Happen hinüber gewesen.

Herr Schirmeyer schlenderte ins Wohnzimmer hinüber und betrachtete die verschneite Landschaft vor dem Panoramafenster. Das Haus war ein Traum. Hier würde der Lebensabend, gemeinsam mit seiner Frau, paradiesisch werden. Dass der Kauf so schnell über die Bühne hatte gehen können, war nur der Tatsache zu verdanken gewesen, dass er die Summe gleich in bar hatte bezahlen können. Dank Tante Gisela.

Eigentlich schmeckten Pralinen sogar ganz gut, so stellte Herr Schirmeyer jetzt fest.

* * *

Annkristin, die mollige, kleine Pflegerin, die sich in den letzten Wochen ihres Lebens um Tante Gisela gekümmert hatte, hatte das Geschenk von der alten Frau mit einem Strahlen entgegengenommen. »Für mich? Aber das wäre doch nicht nötig gewesen!«

Die Greisin hatte von ihrem Krankenbett zu ihr aufgeblickt, hatte schwach die beiden faltigen Hände um ihre Linke geschlossen und leise gesagt: »Weil Sie so lieb zu mir sind. Und mir immer so schön vorlesen.«

Dann hatte Annkristin mit dem Päckchen gerappelt, die Brauen gehoben und mit einem schelmischen Gesichtsausdruck gefragt: »Pralinen?« Die alte Dame erlag am nächsten Abend ihrem Leiden. Ganz ohne den Genuss von Pralinen und Gift. Auf dem Totenschein wurde ein vorhersehbares Organversagen vermerkt.

Anderthalb Wochen später hatte die Pflegerin das Päckchen weiterverschenkt. An Dr. Kemper, den Arzt, der ihren fünfjährigen Sohn Devid wegen seiner ADHS-Erkrankung behandelte. Als kleines Zeichen ihrer Dankbarkeit. Dr. Kemper hatte verhalten geschmunzelt, mit dem Päckchen gerappelt und gefragt: »Pralinen?«

Er hatte es erst gar nicht mit nach Hause genommen, sondern gleich im Kofferraum seines Autos deponiert, um es am Ende des Monats zu seinem Kongress nach Bad Kissingen mitzunehmen. Da gab es Leonie, die Kellnerin der kleinen Nachtbar, die ihn immer wieder mit zu sich nach Hause nahm, wenn er in der Gegend war. Dieses Mal gab er ihr am nächsten Morgen nicht nur die üblichen drei Hunderter, sondern auch das flache, bunt verpackte Päckchen. Sie rappelte damit und fragte überrascht: »Pralinen?«

Zu Ostern reiste die Schachtel mit der Post nach Kiel, zu ihrer Mutter. Das Geschenkpapier war ausgetauscht worden. Darauf spielten jetzt kleine Häschen Nachlaufen. Als der Postbote es am Gründonnerstag Frau Traude Czyschmosch mit den Worten »Post von Ihrer Tochter« überreichte, rappelte sie nur kurz damit, und er fragte: »Pralinen?« Sie grunzte nur abfällig, schenkte ihm einen Schnaps aus, so wie immer, wenn sie ihr etwas brachte, trank auch einen und warf das Päckchen danach in das untere Fach des alten Wohnzimmerschranks, in dem sie auch Tosca-Flaschen und Seifenstücke und anderen Kram hortete, den sie weiterzuverschenken gedachte.

Der kleine Marvin aus der Nachbarschaft, der alle paar Wochen den Rasen des verkommenen Gartens mähte, war ziemlich enttäuscht, dass er dieses Mal statt eines Fünfers nur ein Päckchen in die Hand gedrückt bekam, das so alt zu sein schien, dass noch Osterhasen auf dem Geschenkpapier abgedruckt waren. Er rappelte damit und fragte skeptisch: »Pralinen?«

Seine Mutter nahm es ihm gleich ab und stiftete es zur Tombola des Pfarrfests. Natürlich erst, nachdem sie das Papier ausgewechselt hatte. Herr Toeller, ein Besucher aus Düsseldorf, gewann einen Toaster, zwei Eierbecher

aus grünem Glas und auch das Päckchen. Seine Tisch-
gesellschaft applaudierte fröhlich. Man hatte schon ordentlich Kümmelschnaps intus. Herrn Toellers Frau rappelte mit dem kleinen Paket und fragte: »Pralinen?«

Das Päckchen erreichte das Heim der Toellers in Düsseldorf nicht, sondern reiste mit dem im Zug vergesse-
nen Koffer weiter nach Köln. Dort filzte ein junger Mit-
reisender mit Rastalocken rasch das Gepäckstück, bevor
er den Waggon verließ. Vom Inhalt des Koffers war der
junge Mann enttäuscht. Jede Menge gebrauchter Wäsche, zwei Kulturbeutel und eine absurde Menge an Ge-
bissreiniger. Und ein Päckchen, das er halbherzig an sich
nahm. Auf dem Bahnsteig erwartete ihn seine Freundin.
Sie nahm mit fragendem Gesichtsausdruck die Schachtel entgegen, rappelte damit, rümpfte ein bisschen die
gepiercte Nase und fragte amüsiert: »Pralinen?«

Sie küssten sich beinahe den ganzen Weg lang bis zu ihrer kleinen Wohnung, schliefen dann mehrere Stunden
miteinander, beeilten sich danach mit dem Duschen und
Anziehen und eilten schließlich zum Geburtstag ihres
Vaters in die Villa vor den Toren der Stadt, wo sie gerade noch rechtzeitig ankamen. Sie hatte ihn gefragt, ob
sie das Päckchen weiterverschenken dürfe, und er hatte
sie geküsst und gesagt: »Wenn dein alter Herr Pralinen
mag, warum nicht?« Ihr Vater hatte abschätzig mit dem
Paketchen gerappelt und dumpf gebrummt: »Pralinen?«

Ein paar Wochenenden später hatte er es mit in die Eifel
zur Jagd genommen und der Frau seines Jagdhüters ge-

schenkt, die sich auch ganz artig über das kleine Präsent gefreut hatte. Sie hatte mit dem Päckchen gerappelt und gefragt: »Pralinen?« Und dann war der Schnee
gekommen, und sie war eines Morgens beim Schnee-
räumen vor ihrem kleinen Laden in Hillesheim ausgerutscht.

* * *

»Das Essen ist gleich fertig, hörst du?« Herrn Schir-
meyers Frau arrangierte im Esszimmer das Besteck um
die Teller. Sie mochte es gerne festlich und betrachtete mit schiefgelegtem Kopf das Ergebnis. Ihr Blick fiel
auf die geöffnete Pralinenschachtel auf der Tischkante.
»Ach nein, Schatz, du hast sie aufgemacht? Ich wollte sie
eigentlich übermorgen an Heike weiterverschenken.«
Während sie sprach, hob sie die Schachtel hoch und betrachtete sie von allen Seiten. »Die hat Geburtstag, weißt
du? Natürlich hätte ich noch anderes Papier drumge-
wickelt.« Dann runzelte sie die Stirn und erhob laut die
Stimme: »Ach Gott, du hast doch wohl nicht etwa eine
davon gegessen? Guck doch nur mal hier, das Verfalls-
datum! Seit fast einem Jahr abgelaufen. Das ist ja …«
    Als sie ins Wohnzimmer hinüberging, lag ihr Mann
mit grotesk verkrampften Gliedmaßen und Schaum vor
dem Mund im Sonnenschein vor dem großen Wohn-
zimmerfenster und atmete nicht mehr.

Voodoo-Udo

Auf den Udo ist Verlass, das weiß jeder im Dorf. Hilfsbereit, immer gut gelaunt, mit Bärenkräften ausgestattet. Ein handfester Kerl, mit kantigem Gesicht, ewiger Junggeselle. Man muss erwähnen, dass er mitunter ein bisschen unheimlich ist. Alle sind sich einig, dass das an dem ganzen seltsamen Zeug liegt, mit dem er sich beschäftigt. Das macht er in dem kleinen Einfamilienhaus, das so dicht mit Efeu zugewachsen ist, dass es aussieht wie ein riesiger Busch mit Fenstern. Seit seine Mutter vor sechs Jahren gestorben ist, lebt Udo dort ganz allein und macht eben allerlei komische Sachen. Das stört aber keinen. Sie nennen ihn Voodoo-Udo.

Tabea hat trotzdem ein bisschen gezögert, als Udo sie an diesem scheußlichen Herbstnachmittag zu sich hereingerufen hat. »Bei dem Scheißwetter holst du dir noch den Tod«, hat er gesagt und sie mit sanftem Druck durch den Rahmen der alten Glastür mit der Aluminiumeinfassung gezwungen.

Bei Udo drinnen sieht es ein bisschen gruselig aus. Die Möbel sind von seinen Eltern. Alles ist noch genau so eingerichtet wie vor zwanzig oder dreißig Jahren. Udo schläft in seinem alten Kinderzimmer mit den grün gebeizten Schranktüren und dem orangefarbenen Stiftehalter auf dem Schreibtisch. Tabea sieht es durch die halb offen stehende Tür, als sie zur Toilette geht.

Im ganzen Haus hängen Poster mit blauem Meer, weißem Strand und gebogenen Palmen an den Wänden mit der altmodischen Tapete. Seit Udo mal vor vielen Jahren mit dem Junggesellenverein eine Reise in die Karibik gemacht hat, ist er fasziniert von diesem Teil der Erde und spart auf einen Urlaub, den er irgendwann mal auf

Haiti verbringen will. Da er von Gelegenheitsjobs lebt und mehr schlecht als recht über die Runden kommt, wird er lange sparen müssen.

Als Tabea ins Wohnzimmer zurückgekehrt ist, hat Udo ihr schon einen heißen Tee bereitgestellt. Als sie trinkt, beißt es im Hals. »Eh Udo, da ist ja Schnaps drin!«, sagt sie angewidert.

»Rum.« Udo nickt beruhigend. »Aus Haiti. Der wird dir guttun.« Der sanfte Blick seiner großen, braunen Augen wandert forschend über ihr Gesicht. »Ich habe gesehen, wie du da heulend im Nieselregen rumgelaufen bist. Du hast Kummer, stimmt's?« Obwohl sie das weder bejaht noch nickt, wertet er ihre stumme Reaktion als Zustimmung. »Mit Konny? Läuft da was schief?«

Konrad ist ihr Verlobter. Sie ist fünfundzwanzig, er zwei Jahre älter. Der einzige Sohn vom Bauunternehmer Theißen im Nachbarort. Und mit Konny, da läuft was schief, da hat Udo ganz recht. Alle im Dorf sagen zwar, Udo habe einen Knall, aber Tabea hat immer geahnt, dass zwischen seinen ganzen Spinnereien doch der ein oder andere Funke Verstand versteckt ist.

Vielleicht ist es der Rum, der ihre Zunge löst, vielleicht aber auch die große Hand, die Udo beruhigend auf ihren Arm gelegt hat. Sie beginnt zu erzählen, dass Konny sie in letzter Zeit vernachlässigt. Ja, sogar mehr als das. Sie berichtet mit hasserfüllter Stimme von Lynn, der neunzehnjährigen Tochter des Anwalts, der vor einem halben Jahr aus der Stadt hierher aufs Land gezogen ist. Lynn ist eine mit roter Mähne und Sommersprossen und Designerklamotten. Sie lebt eigentlich bei ihrer Mutter in Düsseldorf und kommt immer übers

Wochenende ins Dorf. Alle Jungs sind scharf auf sie, aber ausgerechnet für Konny zeigt sie anscheinend so viel Interesse, dass es gefährlich werden könnte, so erzählt Tabea dem aufmerksam zuhörenden Udo. Er nickt die ganze Zeit wie ein Wackeldackel auf einer Hutablage. Konny ist seit ein paar Wochen nicht mehr derselbe. Er hat was mit dieser Lynn.

»Bist du dir denn sicher?« Udo will ihr noch mal Tee nachschenken, aber sie lehnt ab.

»Ganz sicher. Ich weiß es spätestens, seit ich vor zwei Tagen im Fußraum seines Autos das hier gefunden habe.« Sie kramt einen Ohrring mit einer einzelnen Perle aus der Tasche ihrer Jeansjacke und lässt ihn zwischen zwei Fingern baumeln. Er sieht teuer aus. »Beweis genug? Dieses Weib hat ihm den Kopf verdreht. Verhext«, sagt Tabea leise und erschrickt über ihre Wortwahl. Sie wendet Udo den Kopf zu. Er reagiert sofort darauf. Das ist sein Spezialgebiet. Seine Zungenspitze fährt kurz über die Lippen, und er räuspert sich.

»Ich weiß gar nicht, warum ich dir das alles erzähle, Udo.« Sie kramt ihr Handy heraus und guckt nach der Uhrzeit. »Oh, Mist, gleich muss ich los. Zum Kellnern in Euskirchen.«

Udo ist ganz in Gedanken versunken. Er starrt in seine Tasse und murmelt: »Man müsste ihr eine Lektion erteilen.«

»Ich weiß nicht«, sagt Tabea ausweichend und erhebt sich. »Ich werde mit Konny reden. Der muss mir sagen, was da läuft.«

»Du hast gesagt, sie ist eine Hexe. Das sagt man doch nicht nur so.«

»Doch, das sagt man so.«

»Sie hat ihn verhext, deinen Konny.« In Udos Augen funkelt es. »Das darfst du nicht so einfach hinnehmen. Man muss was tun.«

»Vergiss es, Udo.«

»Doch, doch! Nur ein bisschen Angst zu machen.« Er hat die Tasse abgestellt und knetet nervös seine Finger. »Du weißt, dass ich das kann.«

Sie lächelt unsicher. »Ach, lass mal gut sein, Udo …«

Er springt auf und bedeutet ihr mit einem dramatischen Wink, ihm zu folgen. Dann wiederholt er noch einmal mit eindringlicher Stimme: »Du weißt, dass ich das kann!« Sie gehen den Flur entlang. »Es sind die karibischen Voodookräfte. Ich habe sie studiert. Ich übe sehr viel. Es funktioniert. Letztens das mit den Ohrenschmerzen vom Schwarzbach.« Ein triumphierendes Grinsen macht sich auf seinen Lippen breit. »Wer war das wohl?«

Das hat er schon überall im Dorf herumerzählt. Alle lachen ihn aus deswegen, aber er glaubt unbeirrt an seine Gabe.

»Ach, Udo.« Zögernd folgt ihm Tabea zur Treppe hin.

»Und die Zahnschmerzen von der alten Kreuser? Du weißt, dass die mir noch Geld schuldet, seit ich ihr im Mai die Dachrinne saubergemacht habe? Hat sie jetzt davon. Hat sie eben mal Zahnschmerzen.« Er wendet sich um und nickt ernst. »Ich kann das.«

Dann knipst er das Licht an der Kellertreppe an und winkt ihr. »Los, komm. Ich kann dir helfen.«

Mit einer Mischung aus Furcht und Faszination steigt sie langsam hinter ihm die Stufen hinunter.

»Pass auf, wir machen das immer, wenn sie am Wochenende hier ist. Kopfschmerzen. Ja, Kopfschmerzen sind gut. Jedes Wochenende. Da wird sie dann bald in ihrer doofen Stadt bleiben. Das willst du doch, oder?«

»Das wäre nicht schlecht.«

Unten angekommen, öffnet er eine Tür, und ein seltsamer Duft schlägt ihnen aus der Finsternis entgegen. Süßlich, dumpf, wie fauliges Obst.

Der Raum ist nicht groß. Es gibt kein Kellerfenster. Die Wände sind weiß getünchter Beton. Als die metallene Brandschutztür mit einem lauten Knall hinter Tabea zufällt, gibt sie einen erschreckten Laut von sich.

»Das war früher der Heizungsraum. Jetzt ist das Haus ans Gas angeschlossen.«

Auch hier hängen Poster mit karibischen Motiven. Viele Kerzen stehen herum und Schüsseln aus Metall. Darin erkennt Tabea kleine Knochen. Hier und da ein winziger Vogelschädel.

»Udo, ich weiß nicht, ich …«

Er fasst sie bei der Schulter. »He, he, he, keine Angst. Das ist alles total ungefährlich.« Er macht eine Kunstpause. »Für dich jedenfalls.« Udo setzt eine Miene auf, die diabolisch wirken soll, und zündet mit dem Feuerzeug ein paar der Kerzen an. Dann schaltet er die alte, ovale Kellerdeckenlampe aus. »Ich helfe dir. Auf Udo ist Verlass.«

Die Einrichtung des Raumes ist von einer ausgesprochen bizarren Vielgestaltigkeit. Unzählige Federn baumeln, an Fäden geknüpft, von den an der Decke verlaufenden Rohren. In einer Ecke steht ein schiefes Regal aus Holz, in dem uralte Einmachgläser mit Obst und

Marmelade langsam unter Staub und Spinnweben verschwinden.

Ein kleiner weißer Campingtisch mit aufgequollenen Kanten dient Udo als Arbeitsfläche. Er kramt irgendwo einen Karton hervor und öffnet ihn. Allerlei unförmige Klumpen undefinierbarer Farbe sind darin und jede Menge kleiner Kerzenstummel. »Zuerst brauchen wir mal Wachs«, murmelt Udo. Er packt sich einen der Brocken und beginnt, ihn zwischen seinen großen Händen zu pressen und zu kneten.

»Sie soll einfach nur verschwinden«, sagt Tabea bitter und betrachtet den Ohrring in ihrer ausgebreiteten Hand.

»Na ja, das wird sie nicht so einfach. Wir verjagen sie.« Er korrigiert sich. »Ich verjage sie. Du musst gar nichts tun.«

Es dauert nicht lange, und das Wachs nimmt Formen an. Udo legt den Kopf schief, als er das Resultat betrachtet. Eine graugrüne Figur mit zwei unterschiedlich langen, krummen Beinen, zwei extrem kurzen Armen und einem viel zu großen Busen.

»Nee, komm, Udo, lass uns aufhören mit dem Quatsch.«

Er guckt sie an. »Glaubst du etwa, ich kann das nicht? Weißt du noch, als Pastor Stemmler beim Flaschencontainer ausgerutscht und in sein Leergut gefallen ist?«

»Klar weiß ich das noch. Der ist beinahe verblutet.« Sie sieht ihn fragend an. »Willst du etwa behaupten, du …?«

Udo nickt wichtig, mit fast arrogant gesenkten Augenlidern. »Er hat früher einmal ein paar sehr böse Dinge über meine Mutter gesagt.«

Seine Finger grabbeln wieder zwischen den Wachs-brocken im Karton herum. »Und Heinz-Bert Schmaul, der vorigen Sommer mit dem Arm in den Schredder ge-raten ist ...« Er holt eine Wachsfigur hervor, deren lin-ker Arm nur noch aus ein paar Fetzen besteht. »Siehst du. Selber schuld, Heinz-Bert. Man legt sich nicht mit Udo an.« Er wirft ihn zurück in den Karton, und für einen Moment fragt Tabea sich, ob Heinz-Bert Schmaul womöglich gerade vom Sofa fällt oder gegen einen Tür-rahmen stolpert.

Udo präsentiert stolz einen kleinen roten Wachsklum-pen. »Vom Käse«, verrät er und formt damit ein quallen-förmiges Etwas, das er der graugrünen Wachs-Lynn auf den Kopf knetet. »Ja«, sagt er zufrieden. »Das ist sie.« Er schickt leise hinterher: »Hexe.« Tabea hat das Gefühl, er betrachte das als Zweikampf zwischen Magiern.

Udo streckt die Hand aus. »Ohrring.«

Zögernd reicht sie ihn hinüber. Er presst ihn auf der einen Seite in den Wachskopf. Die ganze Figur sieht völ-lig absurd aus.

Feierlich legt Udo sie auf den Tisch und gruppiert ein paar Kerzen darum. Dann fördert er von irgendwo her einen Gefrierbeutel zutage, in dem ein paar kleine Werkzeuge gegeneinander klimpern und schüttet den Inhalt auf den Tisch. Eine Zange, ein Schraubenzie-her, große, rostige Nägel ... Es läuft Tabea eiskalt den Rücken hinunter.

»Also was soll es sein? Kopfweh? Gelenkschmerzen?« Er streicht nachdenklich mit dem Finger über die Run-dungen der wächsernen Riesenbrüste. »Oder was an-deres?«

»Nein, lass uns aufhören!« Tabea winkt ab. »Das wird mir echt zu spooky.«

»Aber wir haben doch gerade erst …«

»Nein, im Ernst, Udo, ich will das nicht mehr. Gib mir den Ohrring.«

»Du willst sie doch loswerden!« Seine Augen werden riesengroß. Seine Lippen sind qualvoll gekrümmt.

»Den Ohrring. Ich kläre das anders. Ich werde Konny zur Rede stellen. Gib mir bitte den Ohrring zurück.«

Sie will danach greifen, aber Udo fasst nach ihrem Handgelenk. Sie schlägt instinktiv nach ihm, er strauchelt, stößt gegen den Tisch. Kerzen kippen um, und die Flammen verlöschen. Die Figur kullert über den Tisch und fällt zu Boden. Völlig geräuschlos verschwindet sie in der Dunkelheit. Udo kreischt auf, rudert mit den Armen, fängt sich wieder und hält bestürzt inne. Stocksteif steht er da, die Arme weit abgespreizt.

Als Tabea das Deckenlicht einschaltet, sehen sie beide die gekrümmten Enden der graugrünen Extremitäten, die unter Udos klobigem rechtem Schuh herausgucken. Ein leises, hohes Wimmern steigt aus Udos Kehle empor. Als er langsam seinen Fuß zur Seite nimmt, klebt der völlig zertrümmerte Wachskörper unter seiner Sohle.

Wenig später haben sie einigermaßen ihre Fassung wiedererlangt. Sie haben den haitianischen Rum pur getrunken. Tabea hat ein warmes Gefühl in der Magengegend, und das Zittern ihrer Hände hat aufgehört.

»Du musst dir keine Sorgen machen«, sagt Udo, als sie vor die Haustür treten. »Ich werde das ordentlich zu Ende bringen.«

»Udo, das ist Quatsch. Es war nur ein Wachspüpp-chen. Lynn wird schon nichts passiert sein. Bleib hier und vergiss das alles!«

Aber er geht energisch los, und sie hat Mühe, mit ihm Schritt zu halten. Sie stapfen durch den Nieselregen. Tabea hat die Hände in den Taschen ihrer Jeansjacke vergraben.

Er will zum Haus des Anwalts. Er will unbedingt herausfinden, was er ausgelöst hat, was Lynn zugestoßen ist. Dass ihr etwas zugestoßen ist, steht für ihn außer Frage.

Er nimmt den kleinen Schleichweg am Grillplatz vorbei, entlang des kleinen Bachs. Es ist der kürzeste Weg. Der, den auch sie vorhin genommen hat.

»Was willst du tun? Klingeln und fragen: Ist Ihrer Tochter was zugestoßen?«

Er schweigt. Sie sieht, dass er seine Hände energisch zu Fäusten geballt hat.

»Und was tust du, wenn ihr wirklich was passiert ist?«

Udo marschiert unbeirrt voran.

Sie begegnen keiner Menschenseele. Bei diesem Wetter geht hier niemand spazieren. Rechts von ihnen gurgelt der kleine Bach. Es wird langsam dämmrig.

»Udo, hör doch mal, ich finde … He, was ist?«

Er ist abrupt stehen geblieben. Seine Hände öffnen sich. Er spreizt die Finger.

»Was hast du denn?«

Der Körper liegt am Bachlauf. Die Beine die Böschung hinauf, der Kopf auf den Steinen im Bachbett. Sie sieht rote Locken, die das eiskalte Wasser hin und her tanzen lässt.

Udo springt sofort den Hang runter, und Tabea presst die Hände vor den Mund, um nicht laut loszuschreien.

Der große, breitschultrige Mann beugt sich zu dem Körper hinunter und tastet am Hals nach dem Puls. Als er kurz darauf den Kopf hebt, sagt sein Blick: Du weißt, dass ich das kann. Aber sein Mund sagt: »Wenn die herausfinden, dass ich sie …«

Dann bückt er sich wieder, packt die Tote unter den Achseln und zieht sie aus dem Wasser. »Sie muss verschwinden.«

»Verschwinden? Das ist nicht dein Ernst!« Tabea stampft verzweifelt mit dem Fuß auf.

»Doch, doch, das kriege ich hin. Und jetzt geh nach Hause. Du darfst hier auf keinen Fall in etwas reingezogen werden.«

Tabea zögert. Sie beißt auf ihre Faust. »Ich kann dich doch hier nicht allein mit ihr lassen.«

»Keine Sorge. Das hier geht dich gar nichts an. Die findet keiner wieder, das schaff ich schon.« Udo erhebt die Stimme: »Nu los, hau ab!« Sie betrachtet ihn. Er beginnt, einen Plan auszuhecken. Dabei grinst er fast ein bisschen. Wahrscheinlich, weil er den Stolz darauf, dass er das hier wirklich allein mithilfe seiner Gabe und seines rothaarigen Wachsfigürchens geschafft hat, kaum unterdrücken kann. Er ist wirklich völlig irre.

Schließlich gibt sich Tabea einen Ruck und läuft davon. Sie stolpert über den unebenen Pfad, der Puls hämmert ihr in den Ohren. Wenig später erreicht sie die Straße und verlangsamt ihren Schritt nach und nach. Ihr Gang wird immer ruhiger, irgendwann schlendert sie fast. Sie hat jetzt überhaupt keinen Grund mehr, panisch zu rennen. Udo wird das alles erledigen. Er wird alle Spuren beseitigen.

Sie ertastet den zweiten Ohrring in der Tasche. Gut, dass ihr am Nachmittag nach dem fürchterlichen Streit gerade noch rechtzeitig eingefallen ist, ihn der toten Lynn auch noch vom Ohr zu ziehen.

Das hätte Udo vielleicht am Ende doch noch stutzig gemacht.

Toter Mann

Unbeweglich. Absolut unbeweglich. Da liegt dieses Gebirge um den Thuner See herum und schert sich kein bisschen um das, was in der Welt so alles geschieht. Hier könnte man eigentlich zur Ruhe kommen. Total abschalten. An einem Platz wie diesem kann man einfach mal für ein paar Tage alles hinter sich lassen und sich völlig entspannen. Aber all das will Volkmar Zahnbrecher nicht. Er will eigentlich nur eins: Er will sein früheres Leben zurück. All das denkt er, während er da so in seinem Hotelzimmer liegt und durch das Panoramafenster zum Niesen im Morgendunst auf der anderen Seeseite hinüberblickt.

Er seufzt tief und guckt auf die Uhr. Zeit fürs Frühstück. Er sollte jetzt aufstehen.

In Film- und Fernsehkreisen war er so etwas wie eine Berühmtheit gewesen. Das war keine Übertreibung. Kaum einer hatte je so viele Rollen in Kriminalfilmen übernommen. Hatte in den letzten vierzig Jahren alte Männer gespielt, junge, ab und zu auch mal eine Frau, je nach Kameraeinstellung und Beleuchtung. Er war verlässlich, allürenlos, er hatte eine rasche Auffassungsgabe und hatte nie versucht, sich in den Vordergrund zu spielen. Mit dem Textlernen, da wäre es womöglich schwierig geworden. Auswendiglernen lag ihm einfach nicht. Aber das war in all den Jahren ja Gott sei Dank auch noch nie nötig gewesen, denn er hatte stets stumme Rollen gehabt: Er war nämlich die Leiche vom Dienst. Er spielte tote Menschen.

In mindestens zweihundertfünfzig Krimis hatte er schon tot vor der Kamera gelegen. Erschossen, erstochen, ertränkt. Man hatte ihn aufgeknüpft, zerquetscht, zerschlitzt und überfahren.

All das ist jetzt vorbei.

Jetzt richtet er den Oberkörper auf und reckt sich. Gestern Abend hat er sich eine Flasche Rotwein aus der Bar mit aufs Zimmer genommen und dann auch fast ganz geleert. Er kann fast nur noch mit Alkohol gut einschlafen. Mit dem rechten Fuß tastet er nach den Pantoffeln. Seine Gedanken sind schon wieder bei der Katastrophe seines Lebens. Er kann keinen Schritt mehr tun, ohne an das Desaster zu denken, das alles verändert hat. Auch jetzt wieder.

Oh, wie hatte er das immer genossen. Das Rumliegen, die Bewegungslosigkeit. Er war der einzige wirklich ruhende Pol inmitten des ganzen Trubels dieser ganzen Filmsets gewesen. Um ihn herum zerknirschte Ermittler, fotografierende Polizeibeamte, kreischende Hinterbliebene, Kameraleute, hektische Regisseure und wuselige Regieassistenten.

»Der Krimi war schnarchlangweilig«, hatten ihm seine Freunde früher oft gesagt. »Aber du warst einsame Spitze, Volkmar! Wie du da so gelegen hast … total tot!«

Schimanski, Derrick, Bella Block – die hatte er alle an die Wand gespielt. Die Kritik hatte sogar mal sein sparsames Mienenspiel gelobt und seine reduzierten Gesten.

Erik Ode hatte ihn mal foppen wollen, hatte seine Cognacflasche auf seinem Bauch abgestellt und ihm Zigarettenrauch in die Nasenlöcher gepustet. Aber

Volkmar Zahnbrecher hatte keinen Mucks von sich gegeben. Auch nicht, als er mal nackt und tot eine knappe Stunde lang unter der ebenfalls nackten und ebenso toten Uschi Glas gelegen hatte – nichts.

Er konnte sogar auf Kommando ein bisschen blass werden und schaffte es im Laufe der Zeit auch irgendwie, seine Körpertemperatur runterzufahren, so wie ein Murmeltier im Winter. Und einen weiteren, ganz besonderen Trick beherrschte er auch noch: Durch Anspannung der Muskulatur ließ sich in seiner Halsbeuge noch nicht einmal der Puls ertasten.

Er fror nicht, schwitzte nicht und hatte sich auch schon mal ernsthaft überlegt, ob er sich für die Szenen in der Pathologie die allseits bekannte Sektionsnarbe auf Brust und Bauch tätowieren lassen sollte. Wenn die anderen Schauspieler erschöpft auf das Drehende hindrängten, war Volkmar Zahnbrecher immer noch voll da. Er brauchte kein besonderes Catering, er scherte sich nicht um gewerkschaftlich vorgeschriebene Pausen, er konnte den ganzen Tag herumliegen, wenn das nötig war.

Sein Fuß findet die Pantoffeln, schlüpft in den einen hinein. Dann will er das zweite Bein nachziehen, verheddert sich im Plumeaubezug, verliert das Gleichgewicht, rudert mit den Armen, reißt Telefon, Glas und Weinflasche vom Nachttisch und schlägt der Länge nach auf dem Boden auf.

Da liegt er nun, das eine Bein noch auf dem Bett, den linken Arm grotesk angewinkelt unter dem Körper eingeklemmt. Er könnte jetzt aufstehen, aber er fühlt sich zu schwach. Wie oft hat er in seinem Leben schon so dagelegen? Er spürt, wie ihm ein Weintropfen von der Stirn in den Mundwinkel rinnt. Er kann es noch. Augen auf, starr ins Nichts gerichtet. Die Zunge leicht vorgeschoben, das Atmen so weit heruntergefahren, dass niemand es entdeckt, der nicht weiß, dass hier eine Profileiche am Werk ist.

Er kann es … endlich wieder. Eigentlich klappt es schon seit einigen Wochen wieder. Aber davon will niemand mehr etwas wissen.

Da war dieser erste, schwarze Tag gewesen, dem so viele folgen sollten.

Drehort: Villa München-Grunewald. Sterile, kubistische Einrichtung, schnörkelloser, rechteckiger Indoor-Swimmingpool. Am Beckenrand die hochbezahlten Stars der Produktion: Senta Berger, Maximilian Schell und Mario Adorf, der für diesen einen Drehtag extra aus Rom eingeflogen wurde. Sie haben nur diese einzige gemeinsame Szene, aber die hat es in sich. Hier findet der alles erklärende Dialog statt, hier liegt der Schlüssel zu der ganzen grausamen Kriminalgeschichte. Es gibt dramatische Gesichter in Großaufnahme, es gibt den Schwenk über das ganze Szenario. Und mitten im Pool, in jeder einzelnen Einstellung sichtbar, so sieht es das Drehbuch vor, Volkmar Zahnbrecher, auf dem Rücken treibend, nur mit einer Badehose bekleidet. Tot.

Und dann passiert das, was in den ganzen Jahren zuvor noch nie geschehen ist. Es hat womöglich etwas mit dem zu tun, was Volkmar zu Mittag gegessen hat. Kohlrouladen. Es entspringt dem breiigen Inhalt seines Magens, kriecht ihm durch den Darm, polternd, rüpelnd. Es knurrt und röhrt und tost. Ganz plötzlich und ohne Vorwarnung.

Rund um die ansonsten totenstarre Wasserleiche blubbern plötzlich immense Blasen an die Oberfläche. Es rauscht und prickelt, und die Köpfe von Senta Berger, Maximilian Schell und Mario Adorf fahren herum. Ihre Mundwinkel zucken in die Höhe.

Adorf hat einen Scherz auf den Lippen, während alles darauf wartet, dass sich die Wogen wieder glätten: »Guckt mal, Volkmar hat den Außenbordmotor angeschmissen.«

Sie lachen.

Noch.

Dreieinhalb Stunden später lachen sie nicht mehr. Volkmars Darm liefert die gesamte Geräuschkulisse für einen Film über die Seeschlacht von Trafalgar.

Der Dreh muss schließlich abgebrochen werden. Adorf reist ungefilmt und wütend wieder ab. Ein neuer Termin muss vereinbart, die Villa neu angemietet werden. Senta Berger bricht sich inzwischen in Gstaad ein Bein und fällt aus. Maximilian Schell verstirbt. Der Krimi kommt dann doch irgendwann ohne die eigentlich unverzichtbare Auflösungsszene und vor allem ohne Volkmar in die Kinos und wird als Kunst verkauft. Ein Riesenflop.

Obwohl Volkmar seither Kohl vermied, schien in seinem Körper etwas Umwälzendes vonstattengegangen zu sein. Er blähte jetzt auch bei Erdbeermarmelade, Rindercarpaccio oder Gruyèrekäse. Eigentlich bei allem, was er zu sich nahm. Sein Arzt meinte, es sei eine psychosomatische Sache. Die Explosionen kamen stets unerwartet und ließen sich nicht kontrollieren.

In beruflicher Hinsicht wurde es immer kritischer.

In der Pathologie hob sich plötzlich mitten in der Szene das Tuch, mit dem sein Körper bedeckt ist, ein paar Zentimeter an. Als Selbstmörder am Strick hängend, versetzten die Winde ihn immer wieder in ein sanftes Trudeln. Auf dem Waldboden wurde oft raschelnd das Laub zur Seite gepustet.

Im Herbst des letzten Jahres war es dann schließlich so weit. Volkmar flog zum letzten Mal aus einer Produktion, weil er, inmitten von zahllosen Kerzen aufgebahrt, für eine monumentale Stichflamme sorgte, die nur wenige Augenblicke später das ganze Set in Rauch aufgehen ließ.

Und jetzt liegt er hier, und es ist totenstill. Kein Wind, kein noch so kleiner Laut.

Das Zimmermädchen, das hereinkommt, stößt einen gellenden Schrei aus. Ein Toter im Hotel! Der freundliche Mann von Zimmer 217 liegt mit weit offen stehendem Mund halb auf dem Boden. Überall ist Blut!

Volkmar löst das Missverständnis nicht gleich auf. Erst als sie mit zitternden Fingern das Telefon vom Boden aufhebt, um die Rezeption anzurufen, lächelt er sie freundlich an. Ihr fassungsloser Blick ist für ihn der schönste Lohn.

Später frühstückt er. Das hat ihm irgendwie ein bisschen Auftrieb gegeben, das mit dem Zimmermädchen.

Ein Lichtblick. Irgendwie ist der Tag gleich viel freundlicher, obwohl es draußen noch ein bisschen dunstig ist und kleine Wellen die Oberfläche des Thuner Sees kräuseln. Während er sein Rührei verspeist, denkt er daran, dass er wieder einsteigen kann. Er ist zwar jetzt schon über sechzig, aber es gibt noch tausend tolle Tote, die er spielen kann.

Plötzlich kommt es über ihn. Er stöhnt auf, lässt sich langsam vom Stuhl gleiten, knickt in den Knien ein, achtet darauf, dass der Teller mit dem Croissant, den er sich bereitgestellt hat, mit zu Boden kullert, stößt den Stuhl um und bleibt auf dem Boden liegen.

Ein Croissantkrümel bleibt auf seinem linken Augapfel liegen.

Im Nu ist einer der Kellner bei ihm. Er spürt die Hand in der Halsbeuge. Eine Kellnerin beugt sich ebenfalls über ihn. Er kann ihr dezentes Parfüm riechen.

»Und?«

»Kein Puls«, wispert der junge Mann.

»Ach Gott, wie schrecklich!« Volkmar hört, wie sie hektisch atmet, zwinkert schließlich den Krümel weg und kichert leise. »Keine Sorge«, sagt er und richtet sich langsam wieder auf. Er blickt in zwei schreckgeweitete Augenpaare. »Es geht mir blendend.«

An der Rezeption wird er später vom Hotelier angesprochen. »Hören Sie, Herr Zahnbrecher. Es ist mir nicht sehr angenehm, Sie darauf ansprechen zu müssen, aber man hat uns jetzt schon von mehreren Seiten berichtet, dass …«

Volkmar winkt ab. Er traut sich nicht, die Wahrheit zu sagen. Nachher wollen alle Autogramme haben. Er will kein Aufhebens um seine Person machen. »Ich weiß, was Sie sagen wollen. Es sind diese plötzlichen Anfälle. Ich kann wirklich nichts dafür.«

Der Hotelier nickt bedauernd. »Ich nehme an, Sie sind in Behandlung.«

»Sicher, sicher. Es ist unangenehm, aber völlig ungefährlich.«

»Wenn wir Ihnen irgendwie helfen können …?«

»Es geht mir gut, danke.«

Und das ist nicht gelogen. Es geht ihm wirklich viel besser. Zwar sind noch keine Kameras da und kein Filmteam, aber er darf endlich wieder die Leiche spielen. Das Publikum nimmt ihn ernst. Er kann wieder das tun, was er am besten kann. Er muss jetzt üben, üben, üben.

Es treibt ihn nach draußen. Der Himmel ist bewölkt, es ist ein wenig frisch, aber das hat ihm noch nie was ausgemacht. Eigentlich ist das sogar ganz gut, dann sind nicht so viele Leute unterwegs, und es dauert länger, bis er gefunden wird.

Er folgt dem kleinen Pfad linkerhand unter den Rosenbögen her, zwischen die Bäume des kleinen Parks. Dort sucht er sich eine schön unbequeme Stelle aus und legt sich zurecht.

Als wenig später die ersten Insekten über sein Gesicht krabbeln, verspürt er pures Glück. So kann es weitergehen!

Anderthalb Stunden später hört er rasche Schritte, die sich nähern. Eine alte Frau zetert: »Schauen Sie, da liegt er. Ich habe ihn vom Zimmerfenster aus gesehen!« Und eine junge Angestellte des Hotels sagt erleichtert: »Ach, das ist Herr Zahnbrecher. Da bin ich aber erleichtert.«

Er öffnet die Augen und lächelt. Die Kellnerin ist so nett, die will er nicht belügen. »Ich bin Schauspieler. Ich übe.«

Die Kellnerin nickt ihm unsicher zu. Die alte Frau schüttelt an ihrer Seite fassungslos den Kopf.

»Darf ich Ihnen vielleicht etwas bringen?«, fragt die junge Frau vorsichtig. »Einen Kaffee?«

»Später vielleicht«, sagt er und spuckt eine Ameise aus.

Er bleibt liegen, als eine Stunde später ein Hund kommt und sein Bein hebt, und er rührt sich auch nicht, als es irgendwann beginnt zu regnen.

Als es auf den Nachmittag zugeht, rappelt er sich schließlich auf.

Er ist endlich bereit.

Jetzt will er es noch mal wissen.

Der See! Seit dieser Sache mit dem Swimmingpool ist er so gut wie nicht mehr ins Wasser gegangen. Vor zwei Tagen war er noch schreiend aus dem Solebad geflüchtet, als plötzlich die Luftdüsen unter Wasser losgeblubbert hatten.

Ein paar Minuten später steht er am Ufer und guckt zu den Enten mit den lustigen Hauben hinab, deren Rufe sich so anhören wie kleine Hupen.

Er lässt sich jetzt einfach nach vorne fallen. Sein Körper gleitet, von schäumender Gischt umtost, ins türkisfarbene Wasser. Er hört Blubbern und Brausen. Das Wasser schießt ihm in Ohren, Mund und Nase und schaukelt ihn hin und her. Zunächst will er es eine Weile mit dem Rücken nach oben probieren. Er treibt ein wenig vom Ufer weg. Wie lange wird er so liegen können, ohne Luft zu holen? Seine Gliedmaßen schlenkern lässig zum trägen Rhythmus der Wellen um seinen Körper. Volkmar Zahnbrecher könnte weinen vor Glück.

Kein Magenrumoren. Nur er, der See und der Tod.

Doch da ist plötzlich etwas, das ihn verunsichert. Kommt da ein großer Fisch auf ihn zu? Oder ein Boot?

Die Wellen werden sehr schnell unruhiger, bäumen sich auf.

Er reckt den Kopf ein wenig nach oben. Gerade noch rechtzeitig, um den Bug des Fährschiffs von Spiez zu erkennen, der auf ihn zuschießt. Nur einen Wimpernschlag später schlagen Blitz und Donner gleichzeitig in seinem Schädel ein.

Es ist still und friedlich. Die Sonne schickt ihre ersten Strahlen über die Berge.

Ein Kanufahrer weicht geschickt dem im Wasser vor sich hin dümpelndem Körper aus. Er beachtet ihn kaum, denn er hat schon von dem komischen Vogel gehört, der überall rumliegt und Toter Mann spielt.

»Schauen Sie mal«, sagt die alte Frau vom Vortag zu ihrem Begleiter. Die beiden schlendern am Ufer entlang und blicken auf den überaus entspannt wirkenden Körper hinab. »Das ist der Herr Zahnbrecher. Schauspieler. Probiert für seine Rolle als Leiche.«

»Oh ja, das macht er gut«, knurrt der dicke Mann an ihrer Seite. Er weist mit dem Spazierstock in die Tiefe. »Irre ich mich, oder knabbert die Ente da an seinem Ohr rum?«

Der Kellner kommt. »Möchten Sie Tee oder Kaffee zum Frühstück, Herr Zahnbrecher?«

»Schscht! Nicht stören!«, zischt die alte Dame und schaut ihn ärgerlich an.

»Wie echt«, murmelt ihr Begleiter, als sie wenige Momente später langsam davonschlendern. »Absolut unbeweglich.«

Weg ist weg

Elf Uhr. Das Rasenmähergeräusch hatte ihn geweckt. Opa Dreeßen mähte bestimmt wieder die Grünflächen der gesamten Nachbarschaft.

Wolli rührte Honig in seinen Tee. Eigentlich hätte er lieber einen Kaffee getrunken, um wach zu werden, aber der war alle. Er würde sich gleich einen bei Jupp von nebenan leihen. Jetzt trank er übergangsweise einen Tee von seiner Nachbarin Henni, die jeden Tag in Feld, Wald und Wiese Kräuter sammelte. Der musste er unbedingt noch den Küchenabfluss reparieren. Später vielleicht.

Die ganze verdammte Nacht hatte er sich um die Ohren geschlagen, und jetzt fühlte er sich wie gerädert. Dass diese Scheiße mit Boris hatte passieren müssen …

Er schlürfte an dem heißen Gebräu und verzog angewidert den Mund. Verdammt bitter, trotz Honig. Eigentlich hätte er noch ein paar Stündchen Schlaf verdient, nach dieser Nacht. Boris, Mannomann! Dieser durchgeknallte Ukrainer hatte plötzlich versucht, ihn zu linken! Nach dem zwölften gemeinsamen Ding! Diesmal hatten sie sich Nideggen ausgesucht. Immer schön kreuz und quer durch die Eifel, das war ihr Plan gewesen. Und es hatte immer funktioniert. Auch dieses Mal war wieder alles glatt gelaufen. Sie waren von der Sparkassenfiliale mit den Motorrädern nach Belgien geflohen, hatten zuerst ihre deutschen und dann die belgischen Verfolger erfolgreich abgeschüttelt, dann bei Hollerath zurück über die Grenze, hatten die Motorräder wie immer in der Hütte unten an der Rur versteckt und waren dann im Schutze der Nacht zurück in Wollis Haus gekommen. Und Boris, dieser Dreckskerl, dem er in den letzten anderthalb Jahren nahezu blind vertraut hatte, hatte urplötzlich versucht, ein paar Hunderter heimlich in der Hosentasche verschwinden zu lassen. So ein Scheißkerl! Zusammengerechnet mussten sie jetzt etwa eine schwache Million zusammenhaben. Bisher hatten sie nicht das kleinste bisschen von dem Geld angerührt. Es wäre aufgefallen, wenn sie plötzlich mit der Kohle um sich geworfen hätten. Keiner von beiden ging einer geregelten Arbeit nach, beide lebten von Gelegenheitsjobs. Es fiel schwer, über diesen langen Zeitraum die Füße still zu halten, aber es ging. Eine Million, so hatten sie sich damals geschworen, und dann würde definitiv Schluss sein. Nach zwölf Überfällen wurde es einfach zu heiß. Die Gefahr, entdeckt zu werden, war inzwischen zu groß geworden. Und gestern Abend war es plötzlich zum Streit gekommen. Und ein paar Minuten später war alles aus dem Ruder gelaufen. Zuerst die paar heimlich abgegriffenen Scheine – Wolli hatte es im letzten Moment gesehen – und dann Boris' Forderung, entgegen aller Pläne doch noch weiterzumachen. Und schließlich hatte dieser miese Typ plötzlich ein Messer in der Hand gehabt und Wolli einen Vorschlaghammer, und keine zehn Sekunden später war alles vorbei gewesen.

Wolli öffnete das Fenster, und der alte Dreeßen wandte ihm das Gesicht zu und reckte den Hals. »Guten Morgen! Ich hab gerade bei mir gemäht, und da dachte ich, ich mach gleich dein Stückchen Wiese auch noch mit, Wolli!«, rief er über den Lärm des Rasenmähers zu ihm herüber. Wolli reckte den Daumen in die Höhe, und der Alte fuhr zufrieden mit seiner Arbeit fort. Wolli sog die

Frühlingsluft ein. Irgendwo verbrannte einer was. Das war jeden Samstag so. Meistens war es der dicke Kastenholz, der wieder irgendwas verfeuerte.

Man kennt sich, man hilft sich. Oh ja, hier auf dem Dorf half man sich. Hier scheute keiner davor zurück, dem anderen immer mal wieder tatkräftig unter die Arme zu greifen. Dreeßens Frau zum Beispiel holte immer Wollis Wäsche von der Leine, wenn Regen drohte. Und manchmal bügelte sie dann auch gleich seine Hemden. Letzten Winter hatte er ihr tagelang das Brennholz gehackt, als ihr Mann mit der Nierengeschichte im Krankenhaus gelegen hatte.

Wolli schloss das Fenster und kippte den Rest des bitteren Tees in den Ausguss der Küchenspüle. Jetzt musste er langsam in die Gänge kommen. Die Aufgabe, die jetzt auf ihn wartete, musste er alleine erledigen, da konnte ihm keiner bei helfen. In der Nacht hatte er im schwachen Licht der Esstischlampe das Blut aufgewischt und das Geld, das den Streit ausgelöst hatte, zu den anderen Scheinen in den alten Koffer gestopft. Die Vorhänge hatte er schon vorher zugezogen. Immer wenn er mit Boris von einem ihrer Beutezüge zurückgekehrt war, hatten sie das als Erstes gemacht. Niemand durfte etwas von dem mitbekommen, was sich hier nachts abspielte. Den Ukrainer hatte hier noch nie jemand gesehen. Der wohnte in Schleiden. Es gab offiziell keine Verbindung von einem zum anderen.

Später hatte er die Leiche zusammengeschnürt, bevor die Totenstarre einsetzte, und ihn im Schutze der Nacht in den alten Schuppen neben dem Komposthaufen geschleppt. Boris war eher klein gewesen. Gott sei

Dank. Die Knie angewinkelt, die Arme vor dem Körper verschlungen. Ein nicht besonders großes Paket, umwickelt von einer alten Decke, fest verzurrt mit einem alten Strick, ruhte jetzt zwischen hart gewordenen Zementsäcken und zwei Kisten voller altem Porzellan und zersprungenen Terrakottatöpfen. Aber in dem Schuppen konnte Boris natürlich nicht ewig bleiben. Er würde sich was einfallen lassen müssen und dachte vage über den Rursee oder die Oleftalsperre nach. Beides schön tief. Die Kombination mit den harten Zementsäcken klang vielversprechend. Er hatte in letzter Zeit oft davon geredet, den Schuppen zu entrümpeln. Gut, dass er noch nicht damit angefangen hatte.

Es klopfte an der Hintertür. Vielleicht Biggi von gegenüber. Die kriegte von ihm immer die Tageszeitung vom Vortag für ihren kranken Vater. Dafür konnte er sich bei ihr die ganze Woche über melden, wenn ihm Zucker, Salz, Zahnpasta oder Toilettenpapier fehlten. Sie arbeitete im Rewe in Düren, und wenn er dringend etwas benötigte, brauchte er ihr nur eine SMS zu schicken.

Aber es war sein Nachbar Frolic, der Treckerschrauber. Eigentlich war sein Vorname Robert. Frolic hieß er schon seit der Schulzeit, weil sein Nachname Latz war.

Frolic drehte gerade eine Zigarette und grinste ihn breit an. »Morjen, Wolli!«, sagte er gut gelaunt. »Länger geschlafen?«

Wolli kratzte sich am Kopf und trat zur Seite. Mit einer Handbewegung lud er Frolic ein reinzukommen. »Schnäpschen?« Damit konnte man Frolic zu jeder Tageszeit kommen. Tee brauchte er ihm gar nicht anzubieten.

»Nee, lass mal.« Frolics Zungenspitze glitt über das Blättchen. »Wollte dir nur Bescheid sagen, dass ich vorhin das Loch bei mir hinter dem alten Siloturm endlich mal zugebaggert hab, weißte. Haste gar nix von gehört heute Morgen, oder?«

Hatte er wirklich nicht. »Jaja, der Rasenmäher vom Dreeßen, der ist so laut.«

Frolic entzündete seine Zigarette und lachte. »Das Vorkriegsmodell. Dreeßen ist froh, dass er endlich wieder mähen kann, weißte. An der Feder war der Haken abgebrochen, und der Keilriemen hatte keine Spannung mehr. Ich hab ihm da vorgestern schnell was aus Draht zusammengerödelt. Jetzt ist der glücklich. Für das olle Ding findest du ja keine Ersatzteile mehr.« Frolic inhalierte tief. »So, ich muss jetzt noch zu Ellen, die braucht nen neuen Riegel am Hühnerstall. Der Marder ist wieder unterwegs, weißte.«

Wolli hoffte sehr, dass den Hühnern nichts geschah. Ellen versorgte immer alle mit frischen Eiern. Wolli revanchierte sich dafür manchmal mit Laubfegen oder Schneeschippen.

»Na ja, wollte ich dir nur sagen, das mit dem Loch am Siloturm.« Frolic zwinkerte ihm geheimniskrämerisch zu. »Hab ich natürlich fachmännisch verfüllt, weißte. Da sind auch gleich die ollen Eternitplatten drin verschwunden, die der Gernot vor Jahren mal vom Dach geholt hat. Weißt ja, was das kostet, wenn man die entsorgen lässt, ne. Und vom Jupp ist auch noch die alte Küchenspüle da drin verschwunden und der Stapel alte Fliesen. Und von dir ...« Er grinste jetzt sehr breit. »... der ganze Krempel aus dem Schuppen, den du dauernd zur Müllkippe bringen wolltest. Dreimal mit dem Minibagger hin und her, und weg war das Zeug, weißte. Sind jetzt anderthalb Meter Mutterboden drüber, und da kräht kein Hahn mehr nach. Weg ist weg, weißte.«

Wie auf Bestellung krähte in diesem Moment ein Hahn. »Ah, ich muss zu Biggis Hühnern.« Frolic trotte davon, und Wolli blieb sprachlos zurück. Er brachte nicht mehr als ein mattes »Danke schön« heraus.

Weg ist weg.

So war das hier im Dorf. Man half sich gegenseitig, wo es nur ging. Ungefragt, unbürokratisch, unentgeltlich. Während er sich vorhin noch das Hirn zermartert hatte, wie er den toten Ukrainer würde beiseiteschaffen können, waren ihm die Nachbarn längst ohne sein Wissen zur Hand gegangen. Die Leiche war ohne sein Zutun von der Bildfläche verschwunden. So einfach konnte das gehen.

Weg ist weg. Alles erledigt. Die Serie der Überfälle hatte ein Ende gefunden, die Täter würden nie gefasst werden. Wolli würde ins Ausland verschwinden. Bahamas. Das wäre schon mit einer halben Million ein schöner Lebensabend geworden. Mit einer ganzen Million würde es das Paradies werden.

Frolic ging den Plattenweg entlang und zog ein kleines Qualmwölkchen hinter sich her. Wolli blickte ihm nach. Vielleicht würde er ihn nie wieder sehen. Er würde nachher das Nötigste in eine Reisetasche packen und abhauen. Er brauchte nicht viel. Ein paar Klamotten und Schuhe, Rasierzeug ... und den alten Koffer mit der ganzen Kohle, den er hinter den Reifen in der Garage versteckt hatte.

Als Frolic das Gartentor erreicht hatte, warf er die nicht ganz zu Ende gerauchte Kippe in die Sträucher und drehte sich noch einmal zu Wolli um. Ihm war noch etwas eingefallen.

»Der dicke Kastenholz hat übrigens vorhin die fiesen Kiefern vor seinem Küchenfenster abgeholzt und direkt verbrannt. Und meine Altreifen gleich mit. Und deine aus der Garage mussten ja auch weg. Auch deine ranzigen ollen Koffer. Bisschen Benzin drüber, fertig, weißte.«

Benzin, Feuer, Garage, Koffer ...

»Weg ist weg«, murmelte Wolli, der erst langsam begriff, was da abgelaufen war.

»Genau«, rief Frolic und zog das Törchen hinter sich ins Schloss. »Weg ist weg, weißte.«

Die Schwestern

Die Lies, die Kätt, die Ros und auch die Trine,
die nutzten immer alles schwesterlich.
Das Haus, das Auto und die Waschmaschine.
Sie teilten häufig auch die Männer sich.

Die Kätt, die Ros, die Trine und die Lies,
die hatten eine Zeit lang diesen Klaus.
Meist schlief er bei der Ros, und überdies
lieh sie auch gern ihn an die Schwestern aus.

Die Ros, die Trin, die Lies und auch die Kätt,
die hatten Ulf, Bernd, Fritz und manchen andern Manne.
Und die beglückten sie nicht nur im Bett.
Zu gern nahm Kätt sie mit in ihre Wanne.

Die Trin, die Lies, die Kätt und auch die Ros,
die waren hässlich, doch in all den Jahren
waren sie nur selten männerlos.
Weil sie des Totengräbers Töchter waren.

Der letzte Schritt

Es war immer schwer zu akzeptieren, dass die Zeit des Abschieds gekommen war. Damit hatte sie seit jeher große Schwierigkeiten gehabt. Sie war stets eine Meisterin darin gewesen, sich vorzugaukeln, dass man es vielleicht doch noch eine Weile würde hinauszögern können, dass der Schmerz schon nicht so schlimm sein würde, dass alles besser war als das Treffen dieser einen, unumkehrbaren Entscheidung, das Vollführen der letzten, entschlossenen Tat, nach der nichts mehr so sein würde wie vorher.

Sie bezahlte die Rechnung, gab ein kleines Trinkgeld, bedankte sich für die gute Betreuung und verließ die Tierarztpraxis, ohne im Vorraum noch einmal nach rechts und links zu sehen. Auch während sie vorhin darauf gewartet hatte, dass sie und Rufus an der Reihe gewesen waren, hatte sie keinen Blick für die schreienden Katzen in ihren Transportboxen und die hechelnden Yorkshireterrier auf den Schößen ihrer Besitzerinnen gehabt. Sie war viel zu sehr in ihre Gedanken vertieft gewesen. »Ein Labrador?«, hatte die Frau mit dem Vogelkäfig zu ihrer Linken gefragt.

»Nein, ein Neufundländer«, hatte sie korrigiert. Wenn man sich nicht auskannte, konnte es zu Verwechslungen kommen.

»Prächtiger alter Bursche«, hatte der dicke Mann gegenüber gesagt. Er hielt einen Karton auf dem Schoß, in dem irgendetwas raschelte. Sie hatte nur stumm genickt und war dann wieder ihren Gedanken verfallen. Gedanken an das Ende, Gedanken an ein Loch im Garten, an Tod und Verwesung.

Eine Spritze, gezielt an der richtigen Stelle angesetzt, die Flüssigkeit mit einem raschen, aber dennoch nicht zu hektischen Daumendruck in die Vene gepresst. Ein letzter Blick in die Augen. Sie als Krankenschwester wusste, wie viel Erfahrung und Routine dazugehörten, diese Handgriffe richtig auszuführen.

Es war in den letzten Monaten kein Leben mehr gewesen. Der elende Geruch aus dem Maul, die Haare überall, das faule Herumliegen, das längst die aktiven Jahre abgelöst hatte, in denen sie ihre liebe Mühe gehabt hatte, ihn im Zaum zu halten, wenn irgendwo in der Nachbarschaft mal wieder ein Weibchen läufig gewesen war. Eigentlich, so sagte sie sich, war es schon lange kein Vergnügen mehr mit ihm gewesen.

Sie öffnete die Kofferraumklappe ihres Kombis und verlor sich für einen Moment in der Betrachtung der Hundedecke. Darin würde sie ihn einwickeln. Bei dem Gedanken an das, was vor ihr lag, begannen ihre Augen zu brennen. Nicht heulen, dachte sie. Heul jetzt bloß nicht! Das ist es nicht wert!

Schließlich gab sie sich einen Ruck.

»Komm«, sagte sie und klopfte mit der flachen Hand auf die Decke. Rufus sprang schwanzwedelnd hinein. Bevor sie die Klappe schloss, kraulte sie den Hals ihres Hundes noch einmal mit beiden Händen. »Wir fahren nach Hause und erledigen das jetzt. Und wenn wir Herrchen dann endlich unter der Erde haben, haben wir ganz viel Zeit für uns!«

Das Gips doch gar nicht

Erst mal vorwech mein Name: Wisotzky, Karl-Heinz. Kalleinz sacht meine Frau Marion immer zu mir. Also so in einem Wort: Kalleinz. Stuckateur bin ich. Selbstständig. Kleine Firma in Wichlinghofen, in der Nähe von Dortmund, vier Angestellte, zwei Azubis. Wenn ich ehrlich bin, bin ich am liebsten auf der Baustelle. Urlaub muss nicht sein. Also für mich nich. Klar, für Marion schon. Die wartet ja nur dadrauf, dat ich endlich in Rente gehe, da will die dann dauernd mit mir inne Weltgeschichte rumgurken. Hab ich jetzt schon Angst vor.

Wenn wir so zu den historischen Stätten fahren, mit den Säulen und den Stuckdecken un so, da juckt mich dat dauernd in den Fingern. Ich hab ja immer alles im Kofferraum dabei, ne.

Irgendwann hab ich mal auf ner Toilette vom Straßenverkehrsamt gelesen: »Verlassen Sie diesen Ort bitte so, wie Sie ihn gerne vorfinden würden«, und da hab ich fix meine Werkzeugkiste geholt, und dann hab ich denen mal auf die Schnelle so einen kleinen klassizistischen Fries da hingezaubert. Haben die wahrscheinlich bis heute nix gemerkt von. Guckt ja nie einer nach oben. Bei mir is dat anders. Ich gucke immer nach oben. Auch im Hotelzimmer. Wenn ich im Bett liege, da hab ich nur Augen für die Decke. Is natürlich immer wat zu fummeln, da oben. Dafür hab ich ja die kleine Ausziehleiter, die in den Rollkoffer reinpasst, und ruckizucki hab ich die Pilaster beigefriemelt oder den Putten die kleinen Ärsche wieder zurechtgespachtelt. Dat is dat schönste an den Reisen und an den dollen Hotels un so.

Guten Tag, wir kennen uns noch nicht. Marion Wisotzky, die Frau vom Stuckateurmeister Wisotzky aus Wichlinghofen. Ja, wie erkläre ich Ihnen das am besten? Ich kann einfach nicht mehr! Es ist ja nicht so, dass man mit zweiundsechzig noch meint, alle Welt müsste einem hinterhergucken. Man kann da zwar immer so ein bisschen nachhelfen. Spritzchen hier, Abnäherchen da ... Mein Mann bezahlt das auch immer schön, aber ich frage Sie mal: Warum? Der Kalleinz, der hat nix als Stuck im Kopf! Ich glaube, der hat in den letzten fünf, sechs Jahren öfter an irgendwelchen Gipsbusen rumgefingert als an meinem. Man kommt sich so überflüssig vor. So ... weggehängt. Jeden Tag ist der von morgens früh bis abends spät in der Werkstatt oder auf der Baustelle und brasselt vor sich hin. Nur im Urlaub, da hab ich ihn dann immer mal zwei Wochen für mich. Also theoretisch. Da guckt der natürlich nach nix anderem als nach den Gipsornamenten. Ich bin es so satt! Ich würde gern mal in so eine Lodge in Kenia reisen oder in die Bambushütte im Beachclub auf Fuerte, Hauptsache, kein Stuck. Aber da würde der mir wahnsinnig, der Kalleinz. Wissen Sie, wie das ist, wenn man überhaupt nicht mehr als Lustobjekt wahrgenommen wird? Das ist wie wenn die Fritteuse tagelang auf Höchsttemperatur steht, aber es kommen keine Fritten rein.

Wissen Sie was? Ich hasse den Kalleinz! Der muss weg! Ich will den Herbst meines Lebens nicht mit einem gefühlskalten Sack Mörtel verbringen! Ich habe Maßnahmen ergriffen!

Buon giorno, isch bin Maurizio. Komme aus Kalabrien und bin Fitnesstrainer in Dortmund. Vor zwei Wochen, isch abe eine ungewöhnliche Auftrag bekommen. Eine von diesen unbefriedigte Ehefrauen bieten mir achtzigtausend, wenn isch lasse verschwinde ihre Mann. Soll passieren auf Urlaubsreise in Schweiz. So was isch abe noch nie gemacht, aber – scusi – isch bin Kalabrese. Kann ja nixe so schwer sein … isch dachte jedenfalls.

Erste Anlauf isch abe gemacht an Autobahnraststätte bei Bregenz. Isch ihn wollte stoßen vor Vierzehntonner aus Dänemark, aber als isch gerade stehe drei Schritte hinter ihm und wolle zustoßen, mir rollt eine holländische Kleinwagen über die Fuß. Und dann auch noch Wohnanhänger. Fuß total kaputt. Gott sei Dank isch fahren Automatik und muss nix treten Kupplung. Isch humple, aber isch bleiben dran!

Ich bin's wieder. Jo, sagen Sie ruhig Karl-Heinz zu mir. Also ich sach mal so: wenn schon unbedingt Urlaub, dann ja immer gerne Schlosshotels und so Häuser. Sterne sind mir eigentlich egal. Hauptsache alt, ne. Von wegen Stuck und so. Die sind ja oft üppig ausgestattet, obwohl da im Laufe der Jahrhunderte meistens ganz schön viel verhunzt worden ist. Das Hotel Schloss Ragaz, wat die Marion dieses Jahr ausgesucht hat, dat is wirklich schön. Toll gelegen und gut in Schuss, doch, doch. Aber, wat soll ich Ihnen sagen. Jetzt haltense sich mal fest: Dat ist alles gar kein Stuck, dat is nämlich in Wirklichkeit alles Holz! Jaja, zugegeben, feinste Schnitzereien, dat schon, aber eben kein Putz oder Gips! Bis auf die zwei Säulen mit den ionischen Kapitellen in der

Eingangshalle. Na Mahlzeit. Da kann ich mir aber jetzt schon überlegen, wie ich die Zeit rumkriege.

Ich bin dann, während meine Marion die Koffer ausgepackt hat, gleich mal ein bisschen inne Gegend rumgebummelt. Dat wird schwer langweilig, sach ich Ihnen. Mit dem Golfplatz gleich vorm Haus, da kann ich überhaupt nix anfangen. Viel zu gefährlich, so wat. So'n schwarzhaariger Italiener hat da gerade vor paar Minuten offenbar nen Golfball volle Lotte gegen die Birne gekriegt, als ich vorbeikam. Dat hat richtig gekracht, ehrlich.

Mein Mann, der Kalleinz, hat vielleicht Augen gemacht, als wir im Hotel ankamen. Keine Gipsrosetten über den Lüstern, keine Säulenbalustraden in den Durchgängen, nichts. Klasse! Wissen Sie, früher hätte ich ja aus lauter Mitleid bei den Büsten, die hier rumstehen, im Vorbeigehen mal mit dem Regenschirm die ein oder andere Nase abgehauen, damit er was zu gipsen hat, aber das ist schon lange vorbei!

Wir haben Zimmer 2, mit einem herrlichen Ausblick auf die Berge auf der anderen Seite des Rheintals, und der Maurizio logiert gleich nebenan, in Zimmer 3. Ich habe ihn vorhin gesehen, wie er zu Fuß die Schlosseinfahrt heraufkam. Warum der so hinkt, weiß ich nicht. Und wieso hat er denn jetzt so ein riesiges Pflaster auf der Stirn?

Prego, sprechen bitte leise, isch abe starke Kopfschmerzen. Außerdem isch muss mich konzentrieren. Isch machen eine neue Anlauf heute Abend in die Dämmerung.

Er jeden Moment kommen hier vorbei. Dann isch muss genau zielen. Es so soll aussehen wie eine Unfall auf die Kleinkaliber-Schießanlage neben die Hotel. Sehr praktisch, dass es gibt so was hier.

Bei uns in Kalabrien alle haben eine paar Pistolen in die Famiglia. Ja, natürlich isch kann umgehen mit so was, isch bitte Sie! Sehen Sie hier, so die Waffe ist gesichert, und wenn man machen so … Aua!!! Mein Ohrläppchen! Mein Ohrläppchen!

Ich sach et mal so, in erster Linie bin ich ja so wat wie ein Künstler. Handwerker auch, klar. Aber Rigips anne Decke dübeln, dat dürfen meine Angestellten machen. Ich pick mir die Rosinen raus. Doch, doch, kann man ruhig mal sagen. Wird ja selten genug verlangt, so ne ordentliche Stuckarbeit. Die eumeln ja heute unheimlich viel mit Styropor rum. Kommt für mich nicht infrage, so wat. Gott sei Dank gibbet kein Styropor im Hotel. Ich sage Ihnen, da würde ich aber Rabatz machen. Im Treppenhaus haben die zwar getürkte Steinquader auf den Putz gepinselt, kann man aber durchaus machen, is nix gegen zu sagen.

Oh Mann, ich brauch wat zu tun, sonst dreh ich am Rad!

Es ist zwar sehr intim, aber unter uns: Oh, wie haben mich früher diese Hände liebkost. Diese Hände mit der schmirgelpapierrauen Haut! Und immer war irgendwie ein bisschen Gips mit im Spiel, der unter den Fingernägeln herausbröckelte oder aus den Rillen des Eherings rieselte. Ein bisschen so wie ein Peeling bei jeder seiner Liebkosungen. Oh Kalleinz, oh Kalleinz! Aber das ist alles längst vorbei! Jetzt liegt er da neben mir und blättert schnaufend in seiner Innungszeitschrift »Stuck Heute«. Er ist unzufrieden und langweilt sich schon jetzt, schon am ersten Abend. So kann es einfach nicht weitergehen! Ich liege hier und verbrenne innerlich, und er denkt nur an seine Arbeit!

Porca Miseria! Isch kann es nicht! Isch bin ein Schande für ganze Famiglia! Isch knie vor meine Bett in die Hotelzimmer und bete zu Madonna. Warum du mich hast verlassen? Isch schon habe dreimal versucht, und jedes Mal die Kerl ist davongekommen. Die achtzigtausend Euro isch kann in die Wind schießen. Morgen isch reisen zurück nach Dortmund. Isch geben zurück die fünftausend Anzahlung und mache weiter in die Fitnessstudio. Oder isch wieder arbeiten als Model, wie früher.

Oh, Madonna, warum du misch hast verlassen?

So, die Marion schläft endlich. Mannomann, dat hat ja wirklich lange genuch gedauert. Ich kann doch hier nich stundenlang rumliegen und die Zeitung lesen! Da is doch dieser lange, feine Riss im Deckenputz, unten im Lesesalon. Is mir gleich aufgefallen. Kommt wahrscheinlich von den Schwingungen der alten Holzzwischendecken. Dat is zwar nix Dramatisches, aber et wär doch schön, wenn dat mal gemacht würde. Vorhin, als die Marion im Bad war, da hab ich schon mal alles parat gestellt. Leiter, Spachtelmasse, Wasserwaage, Kelle … In nem guten halben Stündchen habe ich dat da unten erledigt. Nacht-und-Nebel-Aktion. Kriegt überhaupt keiner mit. Am liebsten würde ich ja gleich noch jedem Kronleuchter hier im Haus ne schöne Louis-Seize-Rosette verpassen. Na ja, später vielleicht.

Gut, an dieser Stelle möchte ich mich auch kurz ins Spiel bringen. Ich bin der Erzähler. Wir hatten bisher noch nicht das Vergnügen. Die Nacht liegt über dem kleinen, schmucken Schlosshotel im Kanton St. Gallen. Der Himmel ist wolkenlos, man kann deutlich erkennen, was sich wo zuträgt. In den meisten Zimmern geschieht nichts Erwähnenswertes. In dem einen hört man Schnarchen, im anderen schickt ein vergessener Fernseher flimmerndes Licht durch den Raum. Wir haben drei Uhr, das Hotelpersonal genießt die wenigen Stunden, die ihm zur Ruhe bleiben, bevor ein neuer Tag wieder die volle Arbeitskraft fordert.

Karl-Heinz Wisotzky ist es wahrhaftig gelungen, sein Werkzeug unbemerkt aus dem Zimmer in den Hotelflur zu schaffen. Das glaubt er jedenfalls. Aber schon das erste knarrende Federn des mit Teppichboden belegten Fußbodens hat seine Frau Marion geweckt. Als sich hinter Wisotzky die Doppeltür schließt, liegt sie hellwach im Bett und knirscht vor Wut mit den Zähnen. Alles läuft ganz anders, als sie sich das vorgestellt hat. Dieser Italiener ist offenbar sein Geld nicht wert. Er ist groß, muskulös und unverschämt gut aussehend, aber das bisschen Grips in seiner Birne scheint nicht auszureichen, um ihren Mann ins Jenseits zu befördern! Bei Grips muss sie auch gleich schon wieder an Gips denken. Jahrzehntelang hat sie das nun mitgemacht. Hat

Schmiere gestanden, als ihr Karl-Heinz heimlich an der Fassade der Wiener Hofburg herumgespachtelt hat, und geduldig ausgeharrt, während er an einem Seitenflügel der Alhambra die Fugen überarbeitete. Aber jetzt ist Schluss! Sie schwingt sich aus dem Bett und stapft zu Zimmer Nummer 3 hinüber. Ihre soliden, immer noch griffigen Rundungen stecken in einem verspielten Nachtgewand von übermütiger Transparenz, immer bereit für den Fall, dass ihr Ehemann sich unerwartet doch noch einmal auf ihre Weiblichkeit besinnen könnte.

Ein Stockwerk tiefer fährt derweil ihr Karl-Heinz fast geräuschlos die Teleskop-Aluminiumleiter aus. Der Schein seiner Stirnlampe huscht dabei fahrig durch den Raum. Von der Herrentoilette hat er sich einen Messbecher voll Wasser geholt. Er lächelt still in sich hinein, während er die Spachtelmasse anrührt.

Maurizio kann nicht schlafen, weil die Verzweiflung über seine verpatzten Attentatsversuche ihn schier in den Wahnsinn treiben will. Zudem kommt er mittlerweile kaum noch aus seiner knienden Position hoch, weil seine Beine ganz taub geworden sind. Also betet er weiter. Oh, Madonna … Plötzlich öffnet sich seine Tür, als seien seine Gebete erhört worden. Aber es ist nicht die Gottesmutter im wallenden, blauen Samtmantel, sondern Marion Wisotzky in einem pinkfarbenen Fähnchen aus Tüll. Ihr Gesicht ist wutverzerrt, und sie zischt unbeherrscht: »Los, du Flasche! Jetzt tu endlich, wofür du bezahlt wirst!«

Karl-Heinz Wisotzky hat die Zunge zwischen den Lippen eingeklemmt. Er hat die zierliche Leiter an den Kronleuchter angelehnt. Die Berufsgenossenschaft würde ihn wegen so was für immer wegsperren, aber anders geht es nun mal nicht. Er bewegt sich vorsichtig wie ein Trapezkünstler. Der lose Putz, den er mit großer Sorgfalt aus dem Riss kratzt, um einen tragfähigen Untergrund zu schaffen, rieselt flüsternd auf den mit Plastikfolie belegten Parkettboden. Wisotzky summt leise vor sich hin.

Im Zimmer über ihm klatscht es laut, als Marion Wisotzky dem verhinderten Auftragsmörder eine Ohrfeige verpasst. »Du Versager, was kannst du überhaupt?«

Ja, was kann er überhaupt? Maurizio weiß es offenbar selber nicht. Er richtet sich ungelenk und stöhnend vor Schmerz auf, und das schwache Licht seiner Nachttischlampe zaubert einen goldenen Glanz auf die Wölbungen seiner Muskeln. Das Blut zirkuliert in seinen Beinen, und er spürt ein unangenehmes Prickeln. Er reibt sich die nackten Oberschenkel, und in diesem Moment erinnert sich Marion Wisotzky wieder, wie ihr Herz damals hüpfte, als sie ihm zum ersten Mal begegnete. Das war in seinem Fitnessstudio in Dortmund gewesen. »Buon giorno«, hatte er gesäuselt, und sie hatte im ersten Moment verstanden »John Porno«. Sie sieht jetzt plötzlich vor sich nicht mehr den Versager mit dem bandagierten Fuß, dem Pflaster auf der Stirn und dem Mull am rechten Ohr. Sie sieht einen Mann, der reichlich Fritten für ihr siedendes Fett bereithält. Und dann stößt sie ihn wieder zu Boden und fällt hungrig über ihn her.

Staub und Putzbröckchen rieseln Karl-Heinz Wisotzky in die Augen, als es direkt über seinem Kopf zum ersten Mal kräftig rummst. Im Strahl der Stirnlampe wirbeln die Staubkörner in trägen Strudeln umeinander. Der Kronleuchter erbebt und legt einen Klangteppich aus sphärischem Klirren über die Szenerie.

Im nächsten Augenblick schon erzittert alles ein zweites Mal unter dem dumpfen Gepolter, das aus dem ersten Stock zu ihm hinunterdringt. Wisotzky will die Leiter runtersteigen, reagiert aber zu hastig. Sein Fuß verfehlt den Tritt. Die Kelle dengelt zu Boden. Seine Linke greift ins Leere, seine Rechte fährt zwischen den klirrenden Glastropfen hindurch.

Jetzt werden die Erschütterungen rhythmisch, kleine Gipsfragmente lösen sich von der Decke und regnen auf Wisotzky hinunter. Durch das lauter und lauter werdende Geprassel glaubt er, menschliche Stimmen zu hören. Schreie. Handtellergroße Putzstücke fallen herab, das hämmernde Stakkato in der ersten Etage verwandelt sich in ein unablässiges Donnern. Die Leiter fällt zu Boden, er greift instinktiv nach den zierlichen Armen des Lüsters, und kurz bevor er selbst zu Boden stürzt, glaubt er plötzlich, die Zeit gefriere für wenige Sekunden, und er betrachtet währenddessen in aller Ruhe die zusätzlich entstandenen Risse, die kleinen hölzernen Trägerleisten an den Stellen, an denen der Putz abgeplatzt ist. Er überschlägt grob den Zeit- und den Materialaufwand, überlegt, ob er hier vielleicht einmal den neuen Haftgrund ausprobieren soll, entschließt sich aber, doch lieber eine asymmetrische Rosette anzubringen, mit Blütenfestons und mäandernden Bändern, vielleicht sogar ein bisschen farbig abgesetzt, sodass sie besser zu den blassgrün vertäfelten Wänden passt.

Dann stürzt er rücklings zu Boden. In seinem Rück-
grat kracht es, und nur Bruchteile von Sekunden später löst sich der schwingende Kronleuchter aus seiner
Verankerung und folgt ihm nach. Das Letzte, was Karl-
Heinz Wisotzky sieht, ist die wirre, zuckende Masse aus
Metall und zitternden Glasornamenten, die im Licht
der Stirnlampe auf seinen Kopf zurast. Das Letzte, was
er hört, ist der erlöste Schrei seiner Ehefrau fünf Meter
über sich.

Ein Männlein steht im Walde

Panik! Er versuchte alles gleichzeitig. Decke weg-schlagen, nach dem Wecker greifen, um zu sehen, wie viel Uhr es ist, mit den Füßen nach den Pantoffeln tasten, den Vorhang vom Fenster wegreißen … Es miss-lang. Alles. Während Herbie sich wieder vom kalten Fußboden aufrappelte und das schmerzende Knie rieb, stieß er ein paar rüde Flüche aus. Er versuchte dabei, den geringschätzigen Blicken von Julius auszuweichen, der neben seinem Bett auf einem Stuhl saß, der unter seiner massigen Gestalt und mehreren Lagen schmutzi-ger Wäsche kaum noch zu erahnen war.

»Verdammt, Julius, hättest du mich nicht wecken kön-nen?«

Der Angesprochene lächelte verächtlich. Jeder wuss-te, dass er das nicht konnte. Alle, die Herbie kannten, kannten auch seinen ständigen Begleiter, einen großen, fetten, bärtigen Mann mit einer Vorliebe für bösartige Witze und elegante Kleidung. Und jeder wusste auch, dass Julius nichts *tun* konnte, weil er offenbar nur in Herbies Gedankenwelt existierte.

Den Blick aus dem Fenster kannst du dir sparen.

»Der Markt ist vorbei?« Herbie riss den Vorhang zur Seite und fand bestätigt, was Julius bereits angekündigt hatte: Der donnerstägliche Markt auf dem Graf-Mirbach-Platz war tatsächlich bereits abgebaut worden. Der Wagen des Käsehändlers fuhr gerade davon, und die Blumenfrau verstaute die letzten Eimer im Heck ihres Wagens. Herbie presste einen gequälten Wutschrei zwischen seinen Zäh-nen hervor. »Komm mir ja nicht ohne die Steinpilze, hat sie gesagt! Weißt du, was passiert, wenn ich jetzt ohne die-se verdammten Pilze bei Tante Hettie auftauche?«

Wenn sie dich nicht inzwischen längst enterbt hat, wird sie es endlich tun. Und dich übergangsweise an ein Kreuz nageln.

»Ja, so ähnlich«, knurrte Herbie und hastete ins Bad. »Ich brauche Steinpilze, Julius. Und zwar eine ganze Menge davon. Sie hat ihre greise Verwandtschaft eingeladen und serviert Speisen *à la saison*. Und wenn die Steinpilzsuppe nicht heute um achtzehn Uhr dreißig auf dem Tisch steht, wird sie …

… stattdessen dich servieren! Irgendwas Raffiniertes aus deinen Eingeweiden vielleicht. Hirn geht ja nicht. Vielleicht dein aufgebohrter, ohnehin schon leerer Schädel randvoll mit einem ärmlichen Milchsüppchen.

Herbies Rasur fiel ungenau aus. Er dachte angestrengt über die Möglichkeit nach, irgendwo Pilze herzubekommen. Massimo aus der Trattoria hatte immer frische auf Lager, aber der würde sie selber brauchen. Wo sammelte er die noch mal? Er hatte es ihm mal verraten. Irgendwo im Wald beim Golfplatz, wenn er sich recht erinnerte. Das war allerdings eine reichlich ungenaue Ortsangabe.

Als er schließlich in die Klamotten sprang, stand sein Entschluss fest: »Wir fahren zu einem dieser Waldwege, wo am Wochenende die ganzen Kölner und Bergheimer und Viersener und wo sie alle herkommen, mit ihren Autos stehen. Am besten zwischen Wiesbaum und Flesten. Da hantieren die immer mit ihren Körben herum, da scheint es sich zu lohnen.

Du willst Pilze sammeln? Julius sprach das so aus, als hätte er gesagt: *Du willst die Kontinentaldrift rückgängig machen?*

Für einen Moment hielt Herbie inne und sah ihn angriffslustig an. »Du traust mir das nicht zu?«

Julius schwieg und schnippte ein unsichtbares Stäubchen von seinem Kamelhaarjackett.

»Ich weiß, wie Pilze aussehen.«

Wütend warf Herbie die Wohnungstür hinter sich ins Schloss.

»Wir sollten nur nicht einer dieser Polenkarren begegnen«, knurrte Herbie, als er in einen der Waldwege einbog. Er hatte sie selbst schon gesehen. Kleintransporter, voll mit grimmig aussehenden Osteuropäern, die mit riesigen Beuteln und Körben in den Wald ausschwärmten und kurze Zeit später mit prall gefüllten Behältnissen zurückkehrten. Sie rupften alles aus dem Moos, was nach Pilz aussah, und verschreckten dabei die braven Pilzsammler. Da pro Nase nur das Sammeln einer bestimmten Menge erlaubt war, beschäftigte sich mittlerweile auch die Polizei mit diesen rabiat auftretenden Burschen. Es hatte schon Schlägereien gegeben.

Herbies Wagen produzierte scheppernde Geräusche in jedem Winkel des altersschwachen Chassis, während er über den unebenen Weg und durch die Pfützen rollte.

»Es hat geregnet, Julius«, sagte Herbie und guckte in den Rückspiegel. Sein Begleiter hatte den Arm lässig auf der Hutablage positioniert. »Das ist gut für Pilze, oder?«

Du bist der Fachmann.

Er lenkte das Auto an eine Stelle des Wegesrands, die ihm einigermaßen geeignet dafür schien, ohne dass er die Durchfahrt blockierte.

Wenige Minuten später stapfte er planlos, aber hoff-
nungsfroh durch das Unterholz.

»Gut, dass keiner unterwegs ist. Ein Wochentag ist
ideal, da sind schon mal keine Städter unterwegs. Und
auch keine Polen, wie es scheint. Das fehlt mir gerade
noch. So eine Bande unrasierter Grobiane, die mir die
Pilze klauen, kaum, dass ich sie gefunden habe.«

*Das Thema Rasur solltest gerade du dir heute verkneifen.
Wie willst du die Pilze überhaupt ernten?*

»Na, mit der Hand. Kann ja wohl nicht so schwer
sein.«

Und womit transportierst du sie zum Auto?

»Mann, Julius, jetzt sei mal konstruktiv!« Herbie
rutschte auf dem schlammigen Untergrund weg und
fing sich gerade noch, bevor er in einer Pfütze landete.
»Buchen«, murmelte er und blickte schwer atmend zu
den Wipfeln hinauf. »Das sind doch Buchen, oder? Wir
brauchen Nadelbäume, stimmt's?«

Frag doch den da. Der scheint sich hier auszukennen.

Sie waren nicht alleine. Ein Mann in Lodenmantel
und Gummistiefeln stand regungslos etwa zehn Meter oberhalb von ihnen auf einer kleinen Anhöhe und
nickte ihnen grüßend zu. In seiner Linken baumelte ein
Jutebeutel.

»Na super«, murmelte Herbie, ohne den Mund zu be-
wegen. »Hat bestimmt seinen Sack schon randvoll. Den
kenn ich, glaube ich. Das ist doch dieser Typ von der
Post in Gerolstein.«

*Vielleicht kann er dir weiterhelfen. Entweder indem er dir
sagt, wo du suchen sollst, oder indem er dir ganz einfach seine Beute überlässt.*

»Warum sollte er?«

Weil man dich hier kennt. Du sprichst mit Menschen, die nicht da sind.

Herbie grunzte grimmig, während er durch das Laub hügelaufwärts stieg. »Ich frage ihn einfach um Rat. Wie heißt er? Wieseler oder Wisseler oder so ähnlich ...«

Der Mann lächelte säuerlich, als Herbie ihn erreicht hatte. »Guten Tag«, sagte er leise. Er hatte hellblaue Augen, die es vermieden, dem Blick von Herbie zu begegnen. Ein verklemmter Typ, dem Herbie hie und da schon mal begegnet war. Auf der Poststelle in Gerolstein und vor ein paar Wochen im Landgasthof Schröder, wo er Zeuge wurde, wie dieser blasse Vertreter von seiner Begleitung, einer schwarzhaarigen Frau, die eindeutig nicht seine Kragenweite hatte, regelrecht mit Worten zusammengefaltet war. Konnte ihm aber egal sein.

»Hallo, Herr ... Wissler«, versuchte er es aufs Geratewohl.

»Wieseler.«

Passt auch viel besser. Kleines, nervöses Tierchen.

»Auch Pilze?«

»Ja, Pilze.«

»Toll.«

Gut, dass außer mir niemand euer Nonsens-Gespräch mit anhören muss.

Herbie beschloss, in die Offensive zu gehen. »Hm, nun, wissen Sie, ich befinde mich in so einer Art Situation.«

Wieselers Augen zwinkerten nervös. Er schien tatsächlich Angst vor Herbie zu haben.

»Situation?«

Herbie deutete auf Wieselers Beutel, der aus der Nähe betrachtet schon gar nicht mehr so prall aussah. »Schon was drin?«

»Kaum der Rede wert. Ich habe gerade erst angefangen. Da ist mein Werkzeug drin. Pinsel, Messer …«

»Wenn ich nicht innerhalb der nächsten Stunde zwei, drei Kilo Steinpilze auftreibe, bin ich ein toter Mann.« Er lachte und fuhr sich zu einem schnarrenden Laut mit dem Daumen quer über die Gurgel.

Wieseler schluckte.

»Wenn Sie mir vielleicht verraten könnten, wo ich hier fündig werde? Keine Angst, ich mache Ihnen nicht Ihre beste Pilzstelle streitig. Es ist nur dieses eine Mal.«

Wieseler lachte leise auf. »Na ja, so was verrät man nicht so gerne, Herr …«

»Feldmann. Herbie Feldmann. Sie haben recht. Es ist ja auch ein Notfall. Es wäre schön, wenn Sie Ihrem Herzen einen Stoß geben könnten. Wo waren Sie gerade? Da hinten?« Er folgte mit dem Finger den Spuren, die Wieseler im Laub hinterlassen hatte, und reckte den Hals, um etwas erkennen zu können. Weiter hinten gab es dichten Nadelwald.

»Nein«, beeilte sich Wieseler zu sagen. Er deutete in die entgegengesetzte Richtung. »Dort drüben sind jede Menge Steinpilze.«

»Bei den Buchen?«

»Ja, genau.« Wieselers Stimme zitterte ein bisschen. »Bei den Buchen sollst du suchen, sagt man ja.« Er lachte nervös auf.

Kennt er sich nun besser aus als du, oder will er dich auf eine falsche Fährte lenken?

Herbie vermutete Letzteres. »Ach, wissen Sie was, Herr Wieseler, ich denke, wir sollten es sportlich sehen. Ich lasse Ihnen Ihren Platz unter den Buchen und gucke mich doch mal lieber da drüben um. Ich hätte ja doch nur ein schlechtes Gewissen, wenn ich Ihnen Ihr Revier streitig machen würde.« Er schickte sich an, in die Richtung zu gehen, aus der Wieseler offenbar gekommen war.

Volltreffer. Schau, hier kommt er schon, der nervöse, kleine Mann.

Herbie hatte ein paar Meter zurückgelegt, als Wieseler wieder an seiner Seite auftauchte. »Warum brauchen Sie denn so dringend diese Pilze? Wissen Sie, ich habe zu Hause noch ein paar Beutel in der Tiefkühltruhe. Ich könnte Ihnen vielleicht …«

»Oh nein, gefroren helfen sie mir nicht weiter.«

»Ragout?« Wieseler wieselte um Herbie herum. Sein Beutel schlenkerte umher, während er mit ausgestreckten Armen auf dem feuchten Waldboden versuchte, die Balance zu halten.

»Suppe.«

»Sie kochen selber?«

Herbie fragte sich, warum er gerade Wieseler seine entwürdigende Geschichte auf die Nase binden sollte. Dass der Mann so nervös wurde, schien ihm ein untrügliches Zeichen dafür zu sein, dass er geradewegs auf eine besonders lohnenswerte Fundstelle zusteuerte.

»Oh ja«, log er. »Ich koche leidenschaftlich gern.«

Julius prustete laut los.

»Ich mache Ihnen einen Vorschlag, Herr Feldmann: Wir fahren zu mir nach Hause, und da kochen wir gemeinsam. Ich habe alles da, was wir brauchen.«

Was wird das? Ein Heiratsantrag?

»Ach, ich weiß nicht«, sagte Herbie heiter. Es machte ihm mittlerweile Spaß zu beobachten, wie Wieseler immer zappeliger wurde. »Suppengemüse? Gewürze? Man braucht da so einiges.«

»Wie gesagt, alles, was man dazu benötigt. Rosmarin, Curry, Basilikum … Töpfe, Pfannen, alles!«

Herbies Lächeln verschwand. Etwas stimmte hier nicht. »Auch Kreuzkümmel?«, fragte er lauernd.

Wieseler lachte schrill auf. »Kreuzkümmel? Klar! Was wäre denn eine Pilzsuppe wohl ohne Kreuzkümmel?«

»… und ohne Gewürznelken.«

»Und ohne Gewürznelken!«

Jungs, ihr hört euch an wie eine besonders lausige Parodie von Lafer und Lichter. Julius schritt mit hinter dem Rücken verschränkten Händen neben ihnen her und schüttelte fortwährend den Kopf.

Sie näherten sich den ersten Fichten. Undeutlich erkannte Herbie im durch die Zweige einfallenden Licht eine große Stelle, an der der Waldboden aufgewühlt worden war.

Darf ich dir Intelligenzbestie mal eine kritische Frage stellen: Warum, bitte schön, sollte der Kerl mit leerem Beutel von hier weggegangen sein, wenn sich ausgerechnet an dieser Stelle eine mykologische Goldader befindet?

Herbie hätte ihm zu gerne geantwortet, dass auch er sich gar nicht mehr so sicher war, dass er geradewegs dem Zentrum der Eifeler Pilzvegetation zustrebte. Er hatte eigentlich das Gefühl, dass Wieselers Nervosität von etwas ganz anderem herrührte. Er war skeptisch geworden, als Wieseler brav in die Falle mit den Gewürzen getappt war. Rosmarin, Curry, Basilikum, Kreuz-kümmel, Gewürznelken … all das konnte man natür-lich zur Zubereitung einer Pilzsuppe verwenden. Und dann alles ins Klo schütten.

Was war es, das Wieseler so beunruhigte?

Er blieb stehen, und fast wäre der kleine Mann auf ihn aufgelaufen, machte aber im letzten Moment einen Schritt zurück, rutschte mit dem linken Fuß weg, ruder-te mit den Armen, stürzte rücklings zu Boden und ver-lor dabei seinen Beutel.

Etwas glitt heraus. Das war kein Pilzmesser. Auf der Klinge schimmerten im Halbdunkel schwach rote Schlieren.

Julius beugte sich darüber. Seine Nasenflügel beb-ten, als nehme er Witterung auf. *Was könnte es denn für ein Exemplar gewesen sein? Rotdottriger Purpurfingerling? Rotrostmorchel? Schleimdrüsiger Rötelpömpel? Ich bin mir noch nicht ganz sicher …*

Herbie starrte Wieseler an, der sich, auf dem Rücken liegend, mit den Ellenbogen vom Waldboden abstützte. Der panische Blick des Mannes galt aber nicht dem blut-verkrusteten Messer an seiner Seite, sondern vielmehr dem zerfurchten Waldboden, der vor ihnen ausgebreitet lag. Herbie versuchte auszumachen, was er da anstarrte.

Ein besonders heller Sonnenstrahl stahl sich in die-sem Moment zwischen den Zweigen der Fichten hin-durch und traf auf eine Stelle des Bodens, die den Ein-druck vermittelte, jemand habe erfolglos versucht, nach Art der alten Indianer alle Spuren vorheriger Betrieb-samkeit zu verwischen. Etwas leuchtete auf. Ein bläu-licher Glanz, fast wie ein Ölfilm auf etwas Schwarzem.

Auf etwas, das nicht in den zerwühlten Nadelteppich gehörte.

Haare. Schwarz wie flüssiges Pech.

Herbie konnte nicht anders. Der Anblick zog ihn magisch an, und er ging Schritt für Schritt darauf zu. Warum wuchsen hier Haare aus dem Boden?

Das ist in der Tat seltsam, alter Knabe. Es gibt Grasbüschel, die sehen aus wie die Frisur von Donald Trump, aber das hier … Julius räusperte sich vernehmlich. *Aber nichtsdestoweniger möchte ich dir raten, nicht zu vergessen, dass dieser Herr Wieseler ebenfalls noch mit an Bord ist. Vielleicht solltest du lieber mal …*

Herbie begriff, was geschehen sein musste. Er sah die schwarzhaarige Frau von vor ein paar Wochen vor sich. Wieso passierte das ausgerechnet ihm? Er wollte doch nur ein paar Pilze sammeln!

In diesem Moment ertönte hinter seinem Rücken ein schriller Schrei. Er klang wie der eines Tieres, dessen Instinkt ihm unmissverständlich klarmachte, dass es in eine unbarmherzige Falle geraten war. Herbie fuhr herum und schaffte es nicht mehr, sich zur Seite zu werfen, als Wieseler auf ihn zusprang. Nur das Messer wehrte er mit einer reflexhaften Armbewegung ab, bevor er zu Boden stürzte.

Im nächsten Augenblick war Wieseler über ihm. Die kleinen, blauen Augen fixierten ihn nun unumwunden, als wollte er ihn mit Blicken aufspießen. Herbies Kopf wurde in den modrigen Waldboden gepresst. Dicht neben seinem rechten Ohr nahm er die schwarze Locke wahr, in der sich kleine Zweige und Fichtennadeln verfangen hatten.

Wieseler keuchte, während er mit der Spitze des Messers auf Herbies Hals zusteuerte. »Der Boden schien so locker und leicht umzugraben. Aber das täuscht! Ich bin nicht tief genug gekommen. Ich bin einfach nicht tief genug gekommen!«

Herbie umfasste Wieselers Handgelenk und versuchte, die Waffe zur Seite wegzudrücken.

»Und dann kamen auch noch Sie! Alles läuft schief! Immer läuft alles schief!«

Das kennst du, nicht wahr, mein Lieber? Julius' Silhouette war nur undeutlich gegen das aufblitzende Sonnenlicht zu erkennen.

»Hilf mir, Julius!«, ächzte Herbie. »Nur dieses eine Mal! Hilf mir!«

Würde ich ja wirklich gerne, das weißt du. War das ein Schulterzucken?

»Halten Sie den Mund, Sie Spinner! Mich machen Sie mit Ihren Phantastereien nicht nervös!«

Fast hätte Herbie gelacht. Aber ihm war nicht nach Lachen zumute. Wenn ihn nicht alles täuschte, lag er direkt über einer toten Frau, und wenn nicht ein Wunder geschah, würde er schon bald direkt neben ihr liegen. Für immer.

»Wer ist sie?«, keuchte er. »Wer ist diese Frau?«

»Das kann Ihnen egal sein. Es gibt sie jedenfalls nicht mehr. Sie ist weg! Sie kann niemanden mehr demütigen!«

Wieseler schaffte es, Herbies Hand abzuschütteln. Dann reckte er den Arm hoch in die Luft. Die Klinge des Messers schillerte rötlich und würde im nächsten Augenblick hinuntersausen.

Etwas krachte plötzlich laut durch die Stille des Waldes, dann kippte Wieseler zur Seite weg. Herbie spürte, wie die Last von seinem Oberkörper glitt.

Benommen kniff er die Augen auf und zu.

»Julius?«

Kuckuck, ich bin hier, alter Knabe., kam es aus einer gänzlich anderen Richtung.

Herbie konnte zunächst nur Schemen erkennen. Einer der Männer, die wie aus dem Nichts aufgetaucht waren, hielt einen dicken Knüppel in den Händen. Wie viele waren es? Drei? Vier?

Natürlich waren sie unrasiert. Sagte er ja immer.

»Alles okay?«, fragte einer in einem bunten Kapuzenshirt mit einem slawischen Akzent. »Haben verletzt?«

»Okay, okay«, murmelte Herbie und rappelte sich mühsam auf. »Wirklich alles okay!«

Er betrachtete Wieselers reglosen Körper. Die Brust hob und senkte sich schwach. »Oh Mann, hoffentlich überlebt er das, Jungs.«

Die vier Polen lachten. Ein Dicker mit einer speckigen Basecap deutete mit einem Finger auf seinen Nacken. »Immer wichtig treffen Stelle genau hier, dann nix kaputt total.«

Julius grinste breit. *Oh ja, das sollte man natürlich wissen. Man lernt doch immer wieder etwas dazu, nicht wahr?*

Während sie auf die Polizei warteten, kreiste eine Schnapsflasche, die Tomasz, der Anführer des Trupps, aus dem Handschuhfach des verbeulten Toyota Vans hervorgeholt hatte.

»Und das meint ihr wirklich ernst, Jungs? Die sind alle für mich?« Herbie deutete auf die vier voluminösen Beutel, die ihm die Polen bereitgestellt hatten.

»Kein Problem. Sammeln Stunde oder zwei, dann neu.« Der Dürre mit dem ausgemergelten Gesicht spuckte auf den Boden. »Und jetzt du fahren los, sonst Polizei fragen, fragen, fragen, und du nix mehr Tante.«

Im Van stieß der mit Kabelbindern zusammengeschnürte Wieseler ein schmerzvolles Stöhnen aus.

Herbie schüttelte den Männern die Hand. Einem nach dem anderen. Am liebsten wäre er hiergeblieben und hätte dem weiteren Fortgang der Geschichte beigewohnt. Aber die Polen hatten es gleich begriffen: Er hatte keine Zeit zu verlieren, wenn es darum ging, Tante Hetties Auftrag zu erledigen.

Habe ich das vorhin richtig verstanden? Julius strich sich durch den grauen Bart, während sie zu Herbies Auto hinübergingen. *Die vier Jungs haben sich wahrhaftig angeboten, zur Not auch deine Tante mit dem Knüppel niederzustrecken?*

»Ein verlockendes Angebot, Julius, ich weiß. Ein anderes Mal werde ich vielleicht sogar darauf zurückkommen.« Herbie schloss den Wagen auf und lud die kostbare Fracht in den Kofferraum. Dann warf er sich hinters Steuer und startete.

Er hatte beschlossen, dem Waldweg weiter zu folgen, um der sicherlich im nächsten Moment eintreffenden Polizei aus dem Weg zu gehen. Morgen würde er sich auf der Wache in Daun melden und versuchen, seinen ungewöhnlichen Abgang vom Tatort zu erklären. Er würde irgendwas von Schock erzählen und von Amnesie.

»Irgendwas wird mir schon einfallen. Die denken ja sowieso, ich spinne.« Im Schritttempo bog er in eine langgezogene S-Kurve. Die fröhlich winkenden Polen verlor er von hier an aus dem Blick. Wenn ihn seine Orientierung nicht trog, musste er nur noch zwei Mal links abbiegen, dann würde ihn der Weg direkt zurück zur Straße führen.

»Haha! Ein Mal, Julius, ein einziges Mal werde ich Tante Hettie verblüffen. Sie bestellt zwei Kilo Steinpilze bei mir, und was bringe ich ihr prompt? Mehrere Kubikmeter der köstlichsten Pilze, die unser Eifelwald im Angebot hat. Plus ein Rezept für die köstlichste Steinpilz-Gerstensuppe der Welt, wenn ich diesem Tomasz Glauben schenken darf. Das wird ein Triumph, Julius! Ein großer Triumph!«

Wolltest du nicht links abbiegen?

»Geht aber nur rechts.«

Irgendwie wird der Wald immer dichter.

»Das täuscht.«

Ich habe das Gefühl, du entfernst dich immer mehr von der Straße.

»Das täuscht auch.«

Merkwürdig, es klingt, als hättest du dich gerade festgefahren.

»Das täu… Verfluchte Scheiße!«

Picknick im Herbst

Der Herbst glüht rostbraun, quittegelb und golden,
die Sträucher zeigen braune Dolden.

Im Wald find ich mein sanftes Ruhekissen
im Laub, ganz dicht zu einer Eiche Füßen.

Es wimmelt zwischen Moos und Steinen
und krabbelt, kriecht auf vier, acht, vierzehn Beinen.

Aus meinem Picknickkorb aus Weidenrohr
hol ich ein feines Mittagsmahl hervor.

Ich ess ein Roggenbrot mit Konfitüre.
Schon bald bestaunen mich die ersten Tiere.

Heut will ich einmal vegetarisch schmausen.
Beim Kauen mach ich lange Pausen.

Und lausche in des Waldes Melodie.
So froh wie heute war ich nie.

Kau Möhrchen und ein Stückchen Camembert,
ein Schlückchen Rotwein, heut brauch ich nicht mehr.

Nun öffne ich das große Folienpaket.
»Ihr Tierlein«, sag ich leise, »seht!«

Das Fleisch, in schmackhaft kleinen Brocken,
beginnt sogleich die Marder anzulocken.

Ich seh den zutraulichen Tieren
begeistert zu beim Schnabulieren.

»Da ist noch mehr«, hör ich mich leise reden.
Ein Stückchen Fleisch gibt's heut für jeden.

Der Igel schmatzt, es pickt die Krähe,
die Füchse kauen in der Nähe.

Das Wildschwein freut sich kringelig,
und auch der Dachs ist gar nicht pingelig.

Sie alle schlingen froh und munter
ein Stückchen Schwiegermutter runter.

Kopflos in Biedenkopf

Nennen Sie mich ruhig Charly. Ich sage Ihnen, die Diagnose kam keinesfalls überraschend. Ich hatte schon seit geraumer Zeit diesen stetig ansteigenden Leistungsdruck gespürt, diese enger und enger werdende Umklammerung der knapp und knapper werdenden Zeit und der Anforderungen, die an mich gestellt wurden. Meine Arbeit ließ mir einfach keine Luft mehr zum Atmen. Ich erntete immer weniger Anerkennung für das, was ich tat. Eigentlich war es nur eine Frage der Zeit gewesen, dass der Arzt mir die Benennung meiner Krankheit präsentierte: Burn-out.

Ja, da staunen Sie. Ich hatte auch nicht gewusst, dass auch mich in meinem Beruf so was hatte heimsuchen können. Ich bin Auftragskiller. Mein Job hat mir immer Spaß gemacht. Eine so vielgestaltige Tätigkeit, eine so kreative Beschäftigung. Aber auch dieser Berufsstand unterliegt nun einmal den Gesetzen der Globalisierung. Anstatt auf gute deutsche Wertarbeit zu setzen, auf beste Materialien und saubere Ausführung, bestellt man sich heute mühelos per Internet einen Killer aus dem Ural, der für Dumpingpreise arbeitet. Heutzutage ist es offenbar nur wichtig, dass das Opfer mausetot ist. Die künstlerische Gestaltung dieser Auslöschung scheint niemanden mehr zu interessieren.

Mitten in die lähmende Apathie, die schleichend von mir Besitz ergriffen hatte, war dann eines Tages die Nachricht vom Ableben meiner Tante Reinhilde geplatzt. Gut gekannt habe ich sie nicht. Eine Schwester meiner Mutter und irgendwie meine einzige noch lebende Verwandte. Es war mir wie ein Fingerzeig des Schicksals erschienen, dass mir plötzlich eine Erbschaft ins Haus stand: Von heute auf morgen war ich Besitzer einer Immobilie in der stillen Abgeschiedenheit des mittelhessischen Hinterlands geworden. Ja, lachen Sie nicht, hören Sie doch erst mal zu. Ein unscheinbares Einfamilienhaus mit einer kleinen Einliegerwohnung am Fuße des Eschenbergs in Biedenkopf. Frau Breugel, die dicke alte Untermieterin, empfing mich freudig und weihte mich in den folgenden Wochen in die Geheimnisse von Biedenkopf ein. Sie ist sehr mütterlich.

Biedenkopf – das klingt schon so … bieder. Das hört sich nach Ruhe und Beschaulichkeit an. Das versprach mir in meinem Zustand rasche Genesung. Und so war es dann auch. Vom ersten Moment meiner Ankunft in dem Städtchen an der Lahn habe ich gespürt, dass Geist und Körper begannen, Energie zu tanken. Was für ein Kontrast zu meinem bisherigen Leben in den Metropolen der Bundesrepublik, mit ihren Flughäfen und Hotels, mit ihren riesigen Konzernsitzen, Mietskasernen und Parteizentralen. Was für einen Unterschied bieten diese putzigen bunten Fachwerkgassen zu den finsteren Großstadtschluchten, über die hinweg ich bisher mit meinem Nachtsichtgerät meine Ziele anvisiert hatte.

Hier trägt die Tageszeitung mit Stolz den Titel »Hinterländer Anzeiger« und das Skigebiet den absurden Namen »Sackpfeife«, hier gibt es kein organisiertes Verbrechen und keine Großbordelle. Nicht mal Kleinbordelle. Halten sich hier nicht.

Hier gibt es Natur, schöne Aussicht und gute Luft. Und zwar jede Menge davon.

Ich konnte ja gar nicht anders, als hier gesund zu werden.

Es dauerte nicht mal ein Jahr, und ich war wieder top-fit.

Ich weiß nicht, ob Sie das kennen, aber wie alles, über das man im Übermaß verfügt, begann irgendwann auch die Entspannung, mich zu langweilen. Immer nur spazieren gehen wird auch anstrengend. Egal ob mit oder ohne die alte Frau Breugel, die mich, glaube ich, fast adoptiert hat. Ja, es waren diese elend gemütlichen Spaziergänge, die eines Tages anfingen, mich richtig aufzuregen. Weil sie mich auf den immer gleichen Pfaden durch die Wälder rund um das Lahntal führten, hin zu den traditionellen Kartoffel-Bratplätzen und bei Wind und Wetter durch die Sträßchen der Oberstadt, wo ich die fein mit schwarzer Farbe hingepinselten Sinnsprüche in den Gefachen der alten Häuser schon fast alle auswendig kann.

So mancher geht vorüber
und nimmt es nicht in Acht,
daß jede viertel Stunde
sein Leben kürzer macht.

Ich fühlte plötzlich, dass mir etwas fehlte. Ich habe einen, wie ich finde, ordentlichen Beruf erlernt und habe ihn viele Jahre erfolgreich ausgeübt. Dazu hat mir mein großes Talent verholfen. Das Talent, das nun schon vier Jahreszeiten lang brachliegt.

Es kam mir plötzlich so vor, als sei das schon eine Ewigkeit her, dass ich zuletzt einen richtig schön sauberen Auftragsmord ausgeführt hatte. Ich erinnere mich genau. Ein Politiker. Christdemokrat. Badewanne. Der Klassiker.

Es war ein sonnendurchfluteter Junitag, an dem mein Spaziergang mich zum gefühlten dreihundertsten Mal zum Schloss hinaufführte. Ich stand an der Mauer, ließ den Blick über die bewaldeten Hügel des Hinterlandes schweifen, blickte auf die Stadt hinunter und guckte dem silbern glänzenden Band der Lahn hinterher, das sich durch das bebaute Tal windet.

Hier ist alles Tradition und Folklore, hier bleibt man im Lande und nährt sich redlich. Kein Wunder, dass Karin Tietze-Ludwig mit Abstand die berühmteste Persönlichkeit ist, die aus Biedenkopf stammt.

Ich ging den Weg zum Schlosshof hinauf. Das weiß ich noch, als wäre es gestern gewesen. Etwas war anders als sonst. Nicht das alte Gemäuer, nicht der trutzige, zinnenbewehrte Bergfried, nein, etwas in mir selbst. Ich versuche es mal so zu beschreiben: eine Art vorfreudiger Unruhe, von der ich nicht wusste, wo sie herkam.

Wie von selbst führten mich meine Schritte rechter Hand durch das hölzerne Portal in die Räumlichkeiten des Museums. An diesem Tag herrschte großer Betrieb, denn das schöne Wetter hatte viele Wanderer angelockt. Ich schnappte Satzfetzen auf Holländisch und Englisch auf. Alles war mir bestens vertraut. Die riesige Esse der Burgküche, das liebevoll ausgestaltete Szenario mit der Postkutsche.

Auch in der ersten Etage war alles wie immer. Historische Gerätschaften aus den Hinterländer Haushalten, die Grenzgangstrachten – vergangene Zeiten, in Unbeweglichkeit erstarrt. Nein, trotzdem, etwas war heute anders. Als ich die Hand auf das Treppengeländer legte, sah ich, dass sie zitterte. Was war nur los?

Es ging weiter hinauf ins nächste Stockwerk. Und dort blieb mein Blick an einem großen Holzstamm und an mehreren martialisch aussehenden Äxten und Beilen hängen. Ich spürte, wie meine Fäuste sich in den Jackentaschen ballten. Das war es! Noch nie hatte ich mit einer Axt gearbeitet! Dies war das einzige Mordwerkzeug, das hierher passte, in diese Idylle. Eine ehrliche, rustikale Mordwaffe. Und im nächsten Moment durchzuckte mich ein weiterer Geistesblitz, und ich taumelte, vorbei an den überraschten Touristen, wieder hinunter in die Grenzgangs-Ausstellung.

»Der Stein, die Grenze, in Ewigkeit«. Das ist die geheimnisvolle Formel, die beim Grenzgang deklamiert wird, bei diesem einzigartigen Volksfest, das nur alle sieben Jahre hier stattfindet. Ich hatte bereits schon so viele Geschichten darüber gehört. Tausende von Menschen marschieren aus einer alten Tradition heraus drei Tage lang die Grenzen des Stadtwalds ab und feiern dabei ein Fest, von dem sie sich offenbar erst einmal wieder sechs Jahre lang erholen müssen.

Und dann sah ich sie! Dort an der Wand waren sie ausgestellt: Die traditionellen Hüte und Schärpen der Grenzgang-Gesellschaften. Am ersten Tag des Grenzgangs wecken die Böllerschüsse vom Schloss die Bürger des Städtchens, und wenig später versammeln sich die elf Männergesellschaften und die acht Burschenschaften aus den einzelnen Straßen unter lauter Blasmusik auf dem Marktplatz, von wo aus das bunte Treiben sich dann seinen Weg bahnt.

Ich habe sie mir nie so richtig vorstellen können, all die kauzigen Rituale, die an den Grenzsteinen vollführt werden. Ein bunt kostümierter Mohr spielt eine wichtige Rolle, so viel kann ich sagen. Und Hauptmann und Reiter und Wettläufer und all so was. Und Bier. Sehr viel Bier auch.

Diese Hüte und die bunten Schärpen zogen meinen Blick magisch an. Ich dachte wieder an die schweren Äxte, und mit einem Mal sah ich die Köpfe, auf denen diese Hüte einmal gesessen hatten. Und ich bekam in diesem Moment eine unbändige Lust, wieder einmal zu arbeiten.

Als ich am Abend den ersten Namen auf einem Zettel notierte, war mir bewusst, dass diesmal alles anders sein würde als bei den Morden früherer Tage. Damals hatte ich im Auftrag anderer gehandelt. Dieses Mal trieb mich nichts weiter an als die eigene Kreativität. Serienmörder hatten mich von jeher fasziniert. Das waren Künstler, die immer das große Ganze im Blick hatten. Das wollte ich jetzt auch mal ausprobieren. Ich saß bei einer Tasse Kräutertee am Panoramafenster meines Wohnzimmers und studierte Telefonbücher und Heimatkalender. Unten auf der Terrasse saß Frau Breugel und reckte ihr faltiges Dekolletee zum Bräunen der Sonne entgegen. Neunzehn Morde, das war kein Pappenstiel, aber schließlich hatte ich ja fast ein ganzes Jahr dem süßen Nichtstun geopfert. Ich war jetzt wieder bereit.

Ich hatte mir vorgenommen, mit den Männergesellschaften zu beginnen und mich nach dem Alphabet durchzuarbeiten. Die erste Gesellschaft trug den wohlklingenden Namen »Galgenberg«. Glauben Sie nicht? Ist aber so!

Zuerst hatte ich erwogen, mir heimlich eine der historischen Äxte aus dem Museum zu borgen, aber das erschien mir dann doch zu riskant. Mit diesen alten Dingern machte man ja außerdem unter Umständen auch mehr kaputt als nötig. Ich fuhr extra bis nach Kassel, um mir im Fachhandel eine vernünftige Spaltaxt zu kaufen. An Kohlköpfen und Wassermelonen übte ich ein paar Tage lang heimlich, bis ich glaubte, den richtigen Schwung rauszuhaben.

Und dann knöpfte ich mir also Heinz Füchtner vor. Männerführer bei der Grenzgang-Gesellschaft Galgenberg und Kassierer im Edeka Hercules. Ich fand ihn abends in der Kneipe »Zur Gini«, gleich beim Marktplatz. Da saß der Füchtner offenbar häufig und ausdauernd. Ich trank mein Bierchen und schielte immer wieder wachsam zu der länglichen Sporttasche hinüber, die ich an der Garderobe abgestellt hatte und in der mein Handwerkszeug verborgen war.

Irgendwann entschloss sich Füchtner dann doch, nach Hause zu gehen. Er wohnte in einem Haus am Rande des Stadtparks, unterhalb des Parkhotels. Nach all dem Bier, das er vorher in sich hineingeschüttet hatte, war es kein Wunder, dass er sich unterwegs einen Baum aussuchte, um einen Teil davon wieder hinauszulassen. Ich glaube, er sah meine Axt gar nicht, als ich mich ihm in der Dunkelheit näherte. Er drehte sich nur halb zu mir um und knurrte: »Hau ab!«

Nun gut, das ließ ich mir nicht zweimal sagen.

Es wurde viel gerätselt in Biedenkopf. Wieso der Füchtner? Wieso geköpft? Wieso war da so ein komischer Strohhut auf dem Kopf? Ich gebe zu, dass ich mir mit einem billigen Utensil aus dem Fastnachtsbedarf behalf, das nicht viel Ähnlichkeit mit der echten Grenzgang-Kostümierung aufwies. An das Original wäre ich aber nun mal nicht so ohne Weiteres herangekommen, und so etwas gehörte bei einem Serienmörder einfach dazu. Da musste es für die Öffentlichkeit und für die Ermittler immer was zum Kniffeln geben.

In Stuttgart hat mal einer sieben Frauen getötet und ihnen munter die abgeschnittenen Nasen vertauscht. Und sie am ganzen Körper mit Speisequark eingerieben. Die Verfallsdaten der Quarkbecher, so fand man irgendwann heraus, ergaben in der Quersumme sein Geburtsdatum. So was ist unheimlich wichtig. Deshalb habe ich den Kopf vom Füchtner auch vor sein Haus platziert und mit einem dicken Eddingstift einen Sinnspruch auf seine Fassade geschrieben, den ich selbst gedichtet habe:

Der Tod macht gerne Überstunden
und ist stets da für seine Kunden.
Kassiert sie ab mit einem Schlag,
auch gern am langen Donnerstag.

Passt doch schön nach Biedenkopf, so ein schnörkeliger Sinnspruch, oder?

Ja, ich gebe zu, das war alles ganz nach meinem Geschmack. Das war etwas anderes als Zielfernrohr und Laserpunkt. Ich spürte am Abend nach der Tat zwar

ein leichtes Ziehen im Nacken, aber da half ein Wärme-
pflaster.

Als Nächstes war die Gesellschaft Hainstraße dran. Be-
ziehungsweise Olli Spies, der klapperdürre Kerl, der sie
führte. Der Frührentner bewohnte eine kleine Etagen-
wohnung unweit der Stadtschule und gärtnerte sich
mit viel Engagement durch eine kleine Parzelle, die er
hinter dem Schwimmbad gepachtet hatte. Ich besuch-
te ihn am Nachmittag, als er gerade dabei war, seinen
Lattenzaun um seinen prächtigen Gemüsegarten zu reparieren. Er blickte von seiner Arbeit auf und sah mich
fragend an. Zwischen den zusammengepressten Lippen hatte er ein paar Nägel eingeklemmt, und ich hätte
fast losgeprustet, weil mir der Spruch von den »Nägeln
mit Köpfen« in den Sinn kam. Es ging bei Olli Spies fast
noch besser als bei meinem ersten Delinquenten.
   An den Giebel seiner Hütte schrieb ich hinterher mit
akkurater Schrift:

Die Zähne kauen Möhren,
sie malmen Kohl und Lauch.
Das kann den Tod nicht stören,
ins Gras beißen sie auch.

Nach der zweiten geköpften Leiche stand ganz Biedenkopf Kopf. Bundesweit titelten die Zeitungen mit
den Früchten meiner Arbeit. Auch das Fernsehen fiel in
den kleinen Ort ein.
   Ich konnte mein Glück kaum fassen. Die Zeit des He-
rumreisens war endgültig vorbei. Ich wollte am liebsten

nur noch direkt vor der eigenen Haustür morden. »Kill local« lautete jetzt meine Devise. Ich wollte nicht länger ein Global Player sein, sondern arbeitete eifrig an meinem neuen Image als Hidden Champion.

Der Lehrer Markus Schlott wohnte auf der Hatzfelder Straße. Er war Führer der Gesellschaft Hasenlauf. Und ich muss auch wirklich sagen, dass er wahrhaftig lief wie ein Hase, als er plötzlich meine Axt sah. Ich erwischte ihn beim Joggen im Wald, und fast wäre er mir durch die Lappen gegangen, denn auch wenn ich Ruhe und Erholung in Hülle und Fülle genossen hatte, war meine Kondition doch eher durchschnittlich. Aber, wie gesagt, Schlott fiel dann doch meinem Axthieb zum Opfer. Ich glaube sogar, dass sein Körper noch ein paar Meter weiterlief. Für diesen Kopf fand ich einen besonders schönen Platz. Wenig später zierte er einen der Grenzsteine im Norden der Stadt. Das war ja nun wirklich absolut passend. Gott sei Dank war auch eine kleine Hütte in der Nähe, sodass ich meinen Sinnspruch unterbringen konnte:

Dem Hasen rinnt der Schweiß herab,
er bricht jeden Rekord.
Doch wartet froh der Tod am Grab
und ruft: »Ich bin schon dort!«

Beim Serienmord kommt es auf die Kontinuität an. Das baut alles aufeinander auf. Wie bei diesem Serienkiller in Bremen, der nur alle fünf Monate zuschlug und ausschließlich einäugige Männer tötete. Er füllte die leeren Augenhöhlen mit Aufzuchterde und pflanzte darin Brunnenkresse.

Jetzt kommen Sie mir nicht mit Familie und Hinterbliebenen und all so was. Natürlich ist das betrüblich. Denken Sie denn, ich habe kein Herz, nur weil ich mich zur Professionalität zwinge? Jeder wird vom Leben doch an eine bestimmte Stelle gestellt. Und ich stehe eben ganz am Ende.

Ein paar Abende später sitze ich jetzt also hier bei einer Tasse Tee über den Plänen für den nächsten Tag. »Hewwe un drewwe da Läh« heißt die Männergesellschaft. Das klingt doch mal so richtig schön hinterländisch. Wer ist denn der Kopf von der Bande? Soso, einer von den Stadtwerken. Ein breiter, bärtiger ...

... irgendwie genau so einer wie der Mann, der jetzt plötzlich direkt vor meinem Wohnzimmertisch steht. Ich schrecke so sehr zusammen, dass der Tee über den Rand meiner Tasse schwappt.

»Wie sind Sie hier ...?«

Er lächelt hintergründig und sagt mit einer hohen Stimme, die nicht zu seinem stämmigen Äußeren passt: »Denken Sie gar nicht drüber nach. Ich bin eben drin. Gelernt ist gelernt.«

Ach so? Was will er mir damit sagen? Wieso trägt er Handschuhe?

Er zieht etwas aus der Tasche seines Blousons, das aussieht wie ein Knäuel Draht. Während er es entwirrt, erzählt er seelenruhig: »Hören Sie, haben Sie wirklich geglaubt, Sie können hier in aller Gemütlichkeit eine Mordserie inszenieren, ohne dass Ihnen irgendjemand auf die Schliche kommt? Mir war vom ersten Moment an klar, worauf das alles hinauslaufen soll.«

»Ach ja?«, sage ich patzig.

»Die falschen Hüte! Das ist wirklich dilettantisch. Die Gedichte! Das ist doch total antiquiert. Geben Sie's zu, Sie sind Anfänger, stimmt's?«

Als ich nicht gleich antworte, sieht er mir unverwandt in die Augen. »Ihre Nummer mit der Axt ist ja eigentlich gar nicht übel, aber es ist nun mal eben ein typisches Anfängerinstrument.«

»Moment mal, aber ich bin kein Anfänger!«

Er lacht höhnisch. So eine Frechheit. Aber ich kann ihm natürlich unmöglich meine Profikillerkarriere auf die Nase binden.

Abfällig sagt er: »Lassen Sie mich raten, Sie waren Auftragsmörder und wollen jetzt auf Serienkiller umsatteln.«

Ich bin sprachlos.

Er nickt, wie um sich selbst zu bestätigen. »Also so einer, der sich immer sagen lassen musste, wen er wann umzunieten hat. Traurig, so was. Und jetzt soll es also gleich eine Serie mit neunzehn Opfern sein. Da haben Sie sich aber ein bisschen übernommen, mein Lieber. Und dann diese Schlagzahl. Drei in anderthalb Wochen! Das ist ein schlechter Rhythmus. Man fängt mit großen Abständen an, sagen wir mal zwei Monate, und dann macht man im Verlauf der Serie immer mehr Speed.«

Das, was er da vor meinen Augen entwirrt hat, ist eine Garrotte. Ein dünner Draht mit zwei Haltegriffen an den Enden. Mich beschleicht so eine Ahnung …

»Und ich soll also der Nächste sein«, sagt er lauernd.

Ich mache einen zaghaften Versuch. Meine Stimme klingt ein wenig heiser, als ich sage: »Nun, ich könnte Sie ja vielleicht überspringen.«

»Wie bitte?« Seine Augen funkeln böse. »Überspringen? Haben Sie jemals gehört, dass ein ordentlicher Serienmörder ein Opfer übersprungen hat?« Er spuckt diese Worte regelrecht aus. »So etwas tut man nicht!«

»Sie kennen sich ja ganz schön aus.« Ob es klug ist, ihn auch noch zu reizen?

Er strafft den Draht und nähert sich mit bedächtigen Schritten. »Die Kölner Pilzsuppen-Morde aus den Neunzigern? Die Mainzer Linienbus-Mordserie von vor dreizehn Jahren?«

Ich erinnere mich. Sechzehn junge Frauen, ertränkt in ihren mit Champignoncremesuppe gefüllten Badewannen und elf Mordopfer verschiedenen Geschlechts, deren Leichen, mit Panzertape auf die Dächer der Linienbusse geklebt, tagelang durch die Stadt fuhren, bevor sie entdeckt wurden. In beiden Fällen wurde nie ein Täter gefunden.

»Sagen Sie bloß, das waren Sie?«

Er nickt und lächelt stolz. »Ich lebe jetzt seit neun Jahren hier in Biedenkopf. Es ist gemütlich, es ist bequem. Aber so langsam hätte ich wirklich Lust, noch mal eine schöne Serie zu starten.« Sein Draht ist jetzt nur eine Handbreit von meiner Kehle entfernt Er ist kräftig. Ich werde mich nicht gegen ihn wehren können. Ich hebe langsam meine Hände, obwohl ich nichts werde ausrichten können.

Nein, so habe ich mir das nicht gedacht. Außer mir ist da tatsächlich noch ein echter Serienmörder in Biedenkopf! Was für ein unglaublicher Zufall, dass wir beide hier gelandet sind!

Der Draht berührt jetzt meinen Adamsapfel. Ich rieche sein süßliches Aftershave.

Gleich ist es vorbei.

Da zuckt er plötzlich zusammen und reißt die Augen weit auf. Aus seinem Mund kommt zuerst ein grässliches Röcheln, und dann sprudeln kleine Blutströpfchen hervor. Seine Hände, in denen er die straff gespannte Garrotte hält, verkrampfen sich, er sackt zuerst auf die Knie, und dann kippt sein Oberkörper nach vorne, und er bleibt mit dem Gesicht auf dem Teppich liegen. Zwischen seinen Schulterblättern erkenne ich den Knauf eines Messers, um den herum langsam das Blut in den Stoff seines Blousons zieht.

Frau Breugel beugt sich mit einem Ächzen über ihn und tastet in seiner Halsbeuge nach seinem Puls. Was sie fühlt, scheint sie zu befriedigen. Oder besser, was sie nicht fühlt.

Sie zieht das Messer aus der Wunde, setzt ihre Lesebrille auf, die an einem geflochtenen Bändchen um ihren Hals baumelt, und betrachtet die blutige Klinge.

Ich weiß einfach nicht, was ich sagen soll. Sie legt das Messer auf den Wohnzimmertisch und holt sich aus dem Schrank eine Tasse. Als sie sich zu mir an den Tisch gesetzt hat, schenkt sie sich Kräutertee aus der Kanne ein. Ihre faltigen Hände hantieren ganz ruhig mit dem Porzellan.

»Das mit dem Kopf machen Sie am besten in der Badewanne«, schnarrt sie mit rauchiger Stimme. »Wo wohnt er? Sachsenhausen? Haben Sie schon einen Spruch?«

»Frau Breugel«, sage ich fassungslos. »Sehe ich das richtig? Haben Sie wirklich gerade diesen Mann erstochen?«

Sie lächelt mich mit ihren schlecht sitzenden dritten Zähnen an. »Na ja, ist mal was anderes, wissen Sie. Bei den siebenundvierzig anderen habe ich es immer nur mit Gift gemacht.«

Der Fingernagel

Beim Öffnen des Garagentors war der Nagel ihres rechten Zeigefingers abgebrochen. Sie konnte es nicht sehen, es verursachte ihr keine physischen Schmerzen, aber sie wusste, dass dieser Makel da war, dass sie im Moment nichts tun konnte, um ihn zu beheben. Ihre Hände in den schwarzen Handschuhen umfassten mit aller Kraft das Lenkrad des Morris Cowley. Es war dunkel, es war kalt; im Radio waren Temperaturen um den Gefrierpunkt angekündigt worden.

Die Lichtkegel der Autoscheinwerfer griffen weit voraus, nach jeder Unebenheit in der Fahrbahn, nach den Hecken und Zäunen um die Vorgärten von Chobham. Seit sie vor etwa zwanzig Minuten von Styles weggefahren war, hatte sie kaum eine Menschenseele am Straßenrand gesehen.

In etwa einer Stunde würde ihre Sekretärin Charlotte mit dem letzten Zug von ihrem Ausflug nach London zurückkehren, und das Dienstmädchen würde ihr den Briefumschlag überreichen, in dem sie sie mit einer knappen Notiz darum bat, das Zimmer in Beverly fürs Wochenende abzusagen. Charlotte würde das verstehen, sie hatte das Auf und Ab der vergangenen Monate aus nächster Nähe miterlebt. Wenn überhaupt irgendjemand ahnen konnte, welchen verzweifelten Kampf sie kämpfte, dann war es Charlotte.

Weder dem Mädchen noch der Köchin hatte sie gesagt, wo sie hinfuhr. Rosalind lag schlummernd in ihrem Bettchen, und ihr Hund Peter hatte sie mit schiefgelegtem Kopf angeblickt und ein kleines Winseln von sich gegeben, als sie ihn, auf der Fußmatte ruhend, zurückließ und die Haustür hinter sich schloss.

Was hätte sie auch sagen können, wo sie hinfuhr?

Wer hätte Verständnis für dieses Rendezvous aufgebracht?

Ein Treffen mit einem Unbekannten, dessen Stimme am Telefon so verschwörerisch geflüstert hatte: »Kommen Sie um halb elf nach Newlands Corner.« Der Mann hatte einen merkwürdigen Akzent gehabt. Etwas, das andeutungsweise slawisch geklungen hatte, aber keinesfalls echt. Hatte er damit einen natürlichen Akzent übertönen wollen?

Sie war die erfolgreichste Kriminalschriftstellerin der Welt, aber sie war eine schlechte Kriminalistin. Niemals hätte sie einem Polizisten eine hilfreiche Beschreibung der Stimme geben können. Ihr Talent lag in der Beobachtung der kleinen, alltäglichen Dinge, nicht im Erfassen von Spuren und Indizien.

Ein abgebrochener Fingernagel – so etwas war eins jener Details, auf denen sie ihre Mysterien aufbaute. Das mit dem Fingernagel musste sie sich merken. Es war so alltäglich und deshalb so wichtig. Ein solcher Fingernagel würde Charlotte auffallen, ihrer Schwester Madge vielleicht. Rosalind würde sie womöglich darauf ansprechen und sie bedauern und darauf pusten, damit er wieder heil wurde.

Archibald würde das mit dem Fingernagel hingegen nicht merken. Archie sah ihre Finger ja überhaupt nicht mehr an. Er hatte jegliches Interesse an ihr verloren. Ein solcher Umstand war eigentlich eine famose Ausgangssituation für einen Kriminalfall.

Sie stieß ein leises Lachen aus. Der Atem stand ihr in einer blassen Wolke vor dem Mund.

Sie hatte Chobham bereits eine Weile hinter sich gelassen und rollte nun durch Woking. Mehr als die Hälfte der Strecke hatte sie schon hinter sich gebracht.

Was wollte dieser Fremde von ihr? Er hatte ihr mitgeteilt, dass er *Informationen* für sie habe. Im ersten Augenblick hatte sie gewusst, dass es sich bei diesem Mann nicht um einen ihrer üblichen Bewunderer handelte. Und auch nicht um einen von denen, die sie wegen ihrer *abscheulichen Mordgeschichten* in anonymen Briefen beschimpften. »Wichtige Informationen, die Ihnen weiterhelfen können!«

Sie hatte gleich geahnt, dass es um Archie und seine Beziehung zu Nancy Neele gehen musste. Seit ihr Mann sie vor Monaten frank und frei von seinem Verhältnis mit seiner Sekretärin in Kenntnis gesetzt hatte, gab es nur noch wenig andere Dinge, die wichtig waren in ihrem Leben. Ihre Tage pendelten zwischen Hoffen und Bangen, sie klammerte sich an Rosalind. Die Arbeit litt unter ihrer Misere. »Der blaue Express« wollte einfach nicht fertig werden, und die letzten Druckvorbereitungen zu »Die großen Vier« stockten. Alles war schrecklich.

Der Wald rechts und links der Straße wurde dichter. Das Scheinwerferlicht eines entgegenkommenden Wagens blendete sie für einen Moment. Sie reckte unwillkürlich den Hals und blickte in den Rückspiegel. Ein blasses Gesicht leuchtete ihr entgegen. Ein Paar trauriger Augen unter dem Rand eines grünen Filzhuts, ein verkniffener Mund, der lange nicht mehr geküsst worden war.

Schließlich erreichte sie Newlands Corner. Hier war sie zuletzt vor anderthalb Jahren gewesen. Zusammen mit Archie und Rosalind. Es war ein sonnendurchfluteter Sonntagnachmittag, und der satte, grüne Hang war voll von Wanderern gewesen. Menschen hatten ihre Picknickdecken ausgebreitet und ihre Klappstühle aufgestellt. Archie hatte Rosalind immer wieder huckepack getragen und war mit ihr über die Wiese gesprungen. Sie selbst hatte dort gesessen, Tee aus der Thermosflasche getrunken, die sanft geschwungenen Hügel der North Downs betrachtet und tiefes Glück verspürt. Wann hatte alles begonnen, aus dem Gleis zu geraten?

Informationen, die Ihnen weiterhelfen … Wer war er? Was wusste er, das sie nicht längst wusste? Die meisten ihrer Freunde waren im Bilde, was Archies Affäre anging. Einige hatten es sogar vor ihr selbst gewusst. Waren es Informationen über ein Tête-à-Tête von Archie und Nancy? Fotografien womöglich? Was würde sie darauf schon sehen, das sie sich nicht in ihrer Fantasie schon ausgemalt hatte? Jetzt gerade war er wieder bei ihr, auch das war kein Geheimnis für sie. Immerhin spielte Archie mit offenen Karten. Manchmal wünschte sie sich, es wäre nicht so.

Oder waren es vielleicht sogar Informationen, die darauf hindeuteten, dass etwas im Begriff war, sich zu ändern? Ging es bei den beiden auf das Ende zu? Das Ende, das sie sich so sehr herbeisehnte wie nichts anderes auf der Welt?

Sie lenkte den Wagen in der Kurve auf den unbefestigten Seitenstreifen. Die Nacht war sternenklar, aber der Mond war dünn und kränklich, und der fantastische Ausblick von hier oben war im Dunkeln nur zu erahnen.

Niemand war zu sehen. Ein bei Tage beliebter, quirliger Ausflugsplatz war bei Nacht bizarr. Es war so, als hätte der Bergrücken all die lästigen Besucher einfach lässig abgeschüttelt und erhole sich mit tiefen, gleichmäßigen Atemzügen von den Strapazen des Tages.

Sie versuchte, die Zeiger ihrer Armbanduhr zu erkennen, was ihr nicht gelang. Sie musste einigermaßen pünktlich sein.

Da stand ein Auto.

Etwa hundert Yards weiter den Hang hinunter, mitten auf dem kleinen Weg, der sich, wie sie sich zu erinnern glaubte, bis zu einer Farm weiter unten im Tal hinschlängelte.

Neben dem Auto stand ein Mann. Er war klein, und sein Kopf überragte kaum das Autodach. Den Fahrzeugtyp konnte sie nicht erkennen. Darin war sie nicht gerade gut.

Irgendetwas hielt sie davor zurück, den Wagen auszumachen. Dasselbe Gefühl, das sie dazu überreden wollte, sitzen zu bleiben.

Aber sie zwang sich auszusteigen. Nicht einmal die Tür schlug sie richtig zu. Wer konnte schon wissen, was der Mann im Schilde führte? In diesem Moment schalt sie sich dafür, niemanden über ihr nächtliches Treffen informiert zu haben, niemanden zur Sicherheit mitgenommen zu haben. Sie war eine Idiotin, dass sie überhaupt hierherkam!

Und doch ging sie den Berg hinunter, auf den Mann zu.

Unbeweglich stand er neben seinem Fahrzeug und machte keinerlei Anstalten, ihr entgegenzukommen.

Sie trug nicht einmal eine Waffe bei sich, mit der sie sich hätte verteidigen können. Sie musste völlig verrückt sein!

»Guten Abend«, sagte sie.

Anstelle einer Antwort wurde eine Taschenlampe eingeschaltet, deren Strahl ihr direkt ins Gesicht leuchtete.

Sie hob den Arm. »Lassen Sie das! Wer sind sie?«

Statt einer Antwort wurde der Lichtstrahl abgewendet und wanderte zu dem Gesicht ihres geheimnisvollen Gegenübers.

Sie schrak zusammen. Ein regelrechter Ruck ging durch ihren Körper.

»*Bonsoir, madame*«, sagte der kleine Mann und zog mit einer affektierten Geste seinen Hut.

»Sie sind …«, stammelte sie. »Das kann nicht … Sie … Sie …«

»Ich bin so echt, wie ein Mensch nur sein kann.« Er hatte einen unverkennbar französischen Akzent. »Aus Blut und Fleisch, sagt man, glaube ich, in Ihrer Sprache, *n'est-ce pas?*«

Sein Kopf war eiförmig, das spärliche Mondlicht malte einen schwachen Glanz auf seine pomadisierten schwarzen Haare.

Sie suchte nach Worten. Ihre Knie zitterten, und ihre Hände griffen auf der Suche nach etwas, an dem sie sich festhalten konnte, ins Leere. Sie kannte diesen Mann. Sein unverwechselbares Äußeres hatte sie hundert Mal in ihren Büchern beschrieben. Er war der belgische Meisterdetektiv mit den geschliffenen Manieren und dem geckenhaften Äußeren, den jeder falsch einschätzte, dessen kleine graue Zellen aber jedes noch so vertrackte Kriminalrätsel im Handumdrehen auflösten. Er war ihr Geschöpf, jemand, den sie sich nur ausgedacht hatte. Eine Fantasie!

Und doch war sie ihm schon einmal begegnet. Es war in ihrer Zeit im Lazarett gewesen, in jenen Tagen, in denen Tausende von belgischen Flüchtlingen ins Land gekommen waren, ihrer Heimat beraubt, auf der Suche nach Schutz und einem friedlichen Platz zum Ausruhen.

»Erinnern Sie sich, *madame*?«, fragte der Mann.

Sie nickte zaghaft. »Undeutlich. Es ist so viele Jahre her … ich …«

»Aber Sie erinnern sich gut genug an mich, um mich zu beschreiben. Immer wieder. In all Ihren Büchern.«

Sie versuchte ein schwaches Lächeln. »So geht es Schriftstellern. Sie sehen etwas und …«

»Ich könnte mich eigentlich glücklich schätzen, dass ich so einen tiefen Eindruck bei Ihnen hinterlassen habe.« Er schaltete die Taschenlampe wieder aus. Bevor das Licht erlosch, sah sie gerade noch, wie das Lächeln aus seinem Gesicht verschwand und dass sich ein grünliches Blitzen in seine Augen gestohlen hatte.

»Ihr Schnurrbart«, sagte sie. »Sie trugen einen Schnurrbart … damals.«

Ein leises, amüsiertes Schnaufen ertönte. »Oh ja, *le moustache*. Ich habe ihn geliebt, meinen Schnurrbart. Gepflegt habe ich ihn und mit großem Stolz getragen.« Die letzten Worte klangen fast traurig.

»Warum tragen Sie ihn nicht mehr?«

Es blieb einen Moment still, bevor der Mann antwortete. »Ahnen Sie es nicht, *madame*? Sie beschreiben Vincent Flambard so genau, mit solcher *accurratesse*, dass jeder sagt: Das sind Sie, *monsieur*! Sie sind der größte Detektiv Englands, geben Sie es zu!«

Sie begann, unbehaglich ihre Hände zu kneten. »Es tut mir leid, wenn ich Ihnen Unannehmlichkeiten bereite, *monsieur* …«

»Unannehmlichkeiten?«, kam es plötzlich laut und schrill, sodass sie zusammenfuhr. »Sie nennen es *Unannehmlichkeiten*?«

Ihre rechte Hand wurde gepackt. Es ging so schnell, dass sie sich nicht zu wehren wusste. Der Griff des kleinen Mannes war erstaunlich kraftvoll.

»Ich versichere Ihnen, dass es für mich weit mehr bedeutet als ein paar Unannehmlichkeiten!« Seine Stimme klang jetzt ätzend: »Es ist für mich eine *catastrophe*!«

Er trat ganz nahe an sie heran. »Es darf nicht sein, dass die Leute mit dem Finger auf mich zeigen. Was ich brauche, ist … wie sagt man? … Unauffälligkeit! Ich muss einer sein von vielen. Einer wie alle anderen.«

»Das ist sicher nicht schön für Sie«, sagte sie schwach. »Ich versichere Ihnen, dass ich nie vorhatte, Sie zu …«

»Es ist mir egal, was Sie vorhatten, Sie törichtes Weib!«, fauchte der Mann. Sein Gesicht war jetzt ganz dicht vor dem ihren. Sie roch sein blümerantes *Eau de toilette*. »Wir hätten uns nie begegnen dürfen!«

»Aber es war Krieg. Ich wollte doch nur helfen. Etwas tun. Ich habe Ihnen doch geholfen, oder nicht?«

»*Pas du tout!* Sie haben mir keinesfalls geholfen! Sie stellen mich zur Schau. Mich, der ich geglaubt habe, hier auf dieser Insel neu anfangen zu können. Hier, wo mich niemand kennt, wo niemand nach mir sucht!«

»Sucht?«, fragte sie schwach. »Weshalb sucht man nach Ihnen?«

»Das geht Sie nichts an!« Der Griff um ihr Handgelenk wurde noch unbarmherziger, und sie versuchte, sich ihm zu entwinden.

»Bitte, Sie tun mir weh!«

»Ich *könnte* Ihnen wehtun!«

Sie sah undeutlich, wie er die Lampe in seiner Manteltasche verschwinden ließ und etwas anderes hervorholte. Es gab ein schnappendes Geräusch, und direkt vor ihrem Gesicht spiegelte sich das Mondlicht in der Klinge eines Springmessers. »O ja, ich könnte Ihnen wehtun. Sie müssen nicht glauben, dass ich das nicht fertigbrächte.«

»Was wollen Sie von mir?«

»Das muss aufhören!«

»Ich verstehe nicht …«

»Ihrer kleinen Tochter könnte etwas zustoßen. Glauben Sie, ich hätte Skrupel, einem kleinen Mädchen etwas anzutun?« Er lachte ein leises, schmutziges Lachen. »Die kleine Rosalind. Wollen Sie, dass sie büßen muss für das, was Sie mir antun?«

»Sie werden meine Tochter in Ruhe lassen, hören Sie!« Wieder versuchte sie, sich zu befreien, machte einen Schritt zurück, von seinem Auto weg. Das Messer huschte vor ihren Augen durch die Luft. Sie drehten sich halb umeinander, so wie im Tanz. Jetzt stand er über ihr, sodass er nicht mehr ganz so klein wirkte. Hinter ihm stieg der Weg bergan. Ihr Auto, mit den in die Ferne gerichteten Scheinwerfern, stand dort oben, in geringer Entfernung. Der Motor lief noch. Sie würde rasch fliehen können, wenn es ihr gelang, sich loszureißen.

»Sie wollen nicht, dass es ihr so geht wie …«

»Bitte, lassen Sie mich gehen!«

»Versprechen Sie mir, dass es aufhört! Er muss sterben!«

Es war ihr, als drehe sich alles rings um sie herum. Ein Schwindel erfasste sie. Ihre Nerven hatten ohnehin stark gelitten in den zurückliegenden Monaten. Und jetzt traf sie hier auf diesen abscheulichen kleinen Mann, von dem sie erhofft hatte, etwas über Archie und Nancy zu erfahren. Auf diesen brutalen Unhold, der damit drohte, ihrem geliebten Kind ein Leid zuzufügen!

All das brach so plötzlich und mit einer solchen Geschwindigkeit über sie herein, dass sie das Gefühl hatte, keine Luft mehr zu bekommen. Und sie ahnte im selben Moment, dass ihr vor vielen Jahren ein Fehler unterlaufen war, als sie es sich einfach gemacht hatte, indem sie versucht hatte, die Wirklichkeit zu kopieren. Sie hatte einen Menschen nach einem realen Vorbild erschaffen. Aber sie war dabei über Oberflächlichkeiten nicht hinweggekommen. In Wirklichkeit hatte ihr für den großen Geist, für diese schillernde Persönlichkeit, die sie kreiert hatte und für die sie jedermann liebte und verehrte, ein Monster als Modell gewählt. Die schicksalhafte Begegnung von damals endete nun im Desaster!

»*Alors*, sagen Sie es mir! Sagen Sie mir jetzt sofort, dass Sie ihn sterben lassen werden! Denken Sie sich etwas anderes aus. Das Gegenteil! Das exakte Gegenteil, hören Sie? Eine Frau als Detektiv. Eine alte, engli sche Frau meinetwegen! Warum muss es ein Ausländer sein? Warum ein Mann? Warum immer das Gegenteil von *Ihnen*? Lenken Sie die Leute von mir ab, sonst …«

»Sonst?«

Auf einmal spürte sie die Klinge an ihrer Kehle. »Zwingen Sie mich nicht.«

Vielleicht war es das. Jetzt stand sie vor dem Ausweg aus ihrem Jammertal. Ein schneller Schnitt, und alles würde vorbei sein. Sie hatte es so oft beschrieben. Den Opfern in ihren Geschichten hatte sie nie genug Aufmerksamkeit geschenkt. Vielleicht waren unter ihnen welche gewesen, für die der schnelle Tod eine Erlösung bedeutet hatte!

Und in diesem Moment griff das Schicksal ein weiteres Mal ein, so, als wolle es den Fehler von damals auslöschen.

Die Lichter ihres Wagens wanderten über die Grasnarbe neben dem Weg, als der Morris langsam begann, talwärts zu rollen, und als die Räder in die ausgefahrenen Spuren des unbefestigten Weges fanden. Er machte kaum ein Geräusch, nur das Knirschen der Reifen auf dem Schotter war zu hören, und das leise Tuckern des Motors wurde lauter.

Der Mann sah, wie jetzt das Licht auf ihr Gesicht fiel, und ließ die Hand mit dem Messer sinken. Für einen kurzen Moment lockerte er den Griff um ihr Handgelenk und fuhr herum. Sie riss sich los und warf sich auf die Seite, ins Gras.

Der Morris hatte jetzt Fahrt aufgenommen, schoss auf ihn zu. In dem verzweifelten Versuch, sich mit einem Schritt zur Seite vor dem Zusammenprall zu retten, glitt er mit den glänzenden Lackschuhen auf dem Schotter aus und stürzte. Sie wandte mit einem gepeinigten Aufschrei den Blick ab. Das grauenvolle Geräusch, das in dem Moment ertönte, in dem die rechten Räder des Wagens über den Oberkörper des Mannes rollten, ging ihr durch Mark und Bein. Sein unterdrückter Schrei mischte sich mit dem Brechen von Knochen und dem absurd munteren Quietschen der Karosserie, die über das unerwartete Hindernis hinwegsprang.

Danach hörte sie nur noch das Motorengeräusch, das sich entfernte, das Scharren von Füßen im Staub und ein grässliches Röcheln, das schließlich ganz erstarb.

Sie öffnete die Augen und richtete sich langsam auf. Zuerst kniete sie.

Unten, in der Ferne, zerrissen ganz kurz ein metallisches Knirschen und ein dumpfes Poltern die nächtliche Stille.

Der Mann bewegte sich nicht mehr. Sie stand auf, hielt die Luft an und starrte einige Minuten zu dem reglosen Körper hinüber, bevor sie ein paar zaghafte Schritte auf ihn zu machte.

Als sie es endlich über sich brachte, in seiner Halsbeuge nach dem Puls zu tasten, wusste sie schon, dass sie dort nichts mehr fühlen würde.

Langsam ließ sie den *Daily Express* sinken und blickte zwischen den Bäumen hindurch zu den spielenden Kindern in ihren dicken Mänteln hin. Sie hatte so große Sehnsucht nach Rosalind, dass es ihr die Tränen in die Augen trieb, wenn sie an sie dachte. Schon bald würde sie sie endlich wieder in die Arme schließen können.

Es war nun endlich an der Zeit, wieder aufzutauchen.

Seit zehn Tagen beherrschte die spektakuläre Suche nach ihr die Titelseiten sämtlicher Blätter. Man hatte den Morris mit leerer Batterie am Rande eines Steinbruchs gefunden. Wie durch ein Wunder war er nahezu unversehrt im Buschwerk hängen geblieben. Seither hatte man mit ganzen Hundertschaften nach ihr gefahndet, hatte Wälder durchkämmt und sogar Teiche leergepumpt. Alle Welt erging sich in Mutmaßungen über ihren Verbleib.

Conan Doyle und die Sayers hatten sich natürlich auch eingemischt und ihre großen Auftritte gehabt. Auch dieser Edgar Wallace. Es schien wahrhaftig so, als gebe es keine wichtigere Aufgabe im großen Weltgeschehen als die, eine untergetauchte Kriminalschriftstellerin aufzufinden.

Archie steckte in einer argen Klemme, was sie eigentlich nicht beabsichtigt hatte, ihr aber dennoch einen Hauch von stiller Genugtuung bescherte. Man verdächtigte ihn allen Ernstes des Mordes an seiner Frau! Unwillkürlich musste sie schmunzeln. Ausgerechnet Archie!

Und dann gab es diejenigen, die ihr unterstellten, ihr Verschwinden um der Publicity willen inszeniert zu haben! Diese Narren!

Nun, sie hatte ihr Untertauchen inszeniert, in der Tat. Und nicht nur das! Aber das war aus nackter, kalter Angst geschehen.

Sie hatte sich in jener Nacht auf die ihr angeborenen Fähigkeiten besonnen, auf ihr großes Talent, die Leser zu verwirren. Was hatte sie in der Vergangenheit nicht alles für Tricks und Kniffe ausgetüftelt, um sie an der Nase herumzuführen. Die Fehlzündung eines Automobils oder der Korkenknall, der einen Schuss kaschierte. Das zerbrochene Zifferblatt für das falsche Alibi. Die Frau, die sich als Mann verkleidete, und umgekehrt.

Bräunungsmittel, Perücken, falsche Schnurrbärte … Oh, sie musste nach ihrer Rückkehr unbedingt daran denken, noch den abrasierten Schnurrbart in das Manuskript von »Die großen Vier« einzuarbeiten, bevor es in Druck ging!

In jener Nacht hatte sie zum ersten Mal die bittere Verzweiflung am eigenen Leibe gespürt, die sonst nur ihre Figuren in solchen Situationen zu erdulden hatten. Sie hatte gefühlt, wie viel Kraft man aufbringen musste, um sich aus diesem Dilemma zu befreien. Nicht nur im körperlichen Sinne.

Ihr war das gelungen, was sie sich bislang nur oberflächlich ausgemalt hatte: Sie hatte den Tod des Belgiers in Szene gesetzt.

Ihre Hand strich über die zusammengefaltete Zeitung, die auf ihrem Schoß ruhte. Die Titelseite brachte auch heute nichts Neues.

Der Artikel, der weiter hinten im Blatt für die meisten Leser hier in Yorkshire wahrscheinlich eher uninteressant war, hatte ihr endlich Gewissheit gebracht.

Das Wrack eines Autos war an der Südküste unweit von Beachy Head gefunden worden. Alle Anzeichen deuteten drauf hin, dass der Fahrer sich das Leben genommen hatte, als er geradewegs über die Steilklippen hinausgefahren war.

Außerdem hatten die ermittelnden Behörden herausgefunden, dass es sich bei dem Toten um einen Belgier handelte, der vor einigen Jahren mit gefälschten Papieren ins Land gekommen war und nach dem man in seinem Heimatland wegen einer Reihe brutaler Frauenmorde suchte. Sein Name wurde nicht genannt, aber sie kannte ihn.

Es war leichter gewesen, den Toten in seinen Wagen zu heben, als sie es befürchtete, aber trotzdem schwerer, als sie das bislang immer geschildert hatte. Die Fahrt nach Sussex war die Hölle gewesen und war ihr vorgekommen wie eine Weltreise, aber die Suche nach einer geeigneten Stelle, an der sich das Auto ohne größere Anstrengung in die Tiefe schicken ließ, hatte nicht mal eine halbe Stunde in Anspruch genommen.

Erstaunlicherweise war niemandem ihr derangiertes Äußeres aufgefallen, als sie am Morgen einen Bus nach Brighton und von dort aus den Zug nach London genommen hatte. Und in King's Cross Station hatte sie sich von der erstbesten Plakatwerbung zu ihrer weiteren Flucht inspirieren lassen: Sie versprach Ruhe und Erholung im Heilbad im Norden. Das schien ihr vom ersten Moment an eine gute Wahl zu sein.

Es wurde jetzt täglich kälter. In Harrogate waren bereits die ersten Geschäfte weihnachtlich geschmückt. Im Hydro Hotel waren die Mistelzweige aufgehängt worden, und es duftete nach frischem Tannengrün. Die letzten Tage hatte sie mit Schlafen, Essen und Nachdenken verbracht. Jetzt hatte sie endlich eine ungefähre Ahnung, wie es von nun an weitergehen konnte. Das, was hinter ihr lag, bedeutete nicht die Lösung für ihre

Misere, aber es hatte sie stark gemacht für das, was unweigerlich kommen würde.

Ihr Fingernagel wuchs langsam nach. Sie hatte die abgebrochene Stelle täglich gefeilt. Bald würde der Makel nicht mehr erkennbar sein.

Sie würde am Abend tanzen gehen. Es war endlich an der Zeit, aufgespürt zu werden, um ins Leben zurückkehren zu können.

Als sie aus der Kälte in die Hotelhalle trat, begegnete ihr Blick dem einer alten Dame mit weißem Haar und porzellanblauen Augen, die auf einer Bank saß und offenbar auf jemanden wartete. Zur Zerstreuung hatte sie ihr Strickzeug hervorgeholt.

Die Worte des Belgiers kamen ihr in den Sinn. *Warum muss es ein Ausländer sein? Warum ein Mann? Eine alte, englische Frau meinetwegen …*

Warum eigentlich nicht?

Opa Heinz

Ich kenn mich nicht aus mit Alzheimer. Die alte Flessenschmitt hat jedenfalls bei Haushaltsgegenstand mit acht Buchstaben waagerecht geschrieben: Engadin. Und bei Karibikinsel mit vier Buchstaben senkrecht: Nutella. In ein Kästchen quetscht die zwei bis drei Buchstaben.

Sie summt die ganze Zeit leise vor sich hin und krakelt in ihrem Kreuzworträtsel rum. Und riecht fies.

Ich mache das nur für Holgi und Tüte. Das sind ihre beiden missratenen Enkel, die jetzt die ganze Bude hier ausräumen sollen, weil die Flessenschmitt ins Heim kommt.

Wenn ich mir die Möbel so angucke, denke ich mir, dass das bald alles wiederkommt. Ist ja so mit der Mode. Erst total weg vom Fenster, und wenn man lang genug wartet, kommt das alles wieder. Gut, das hier ist schon ein paarmal wiedergekommen, glaub ich. Aber die von der Caritas nehmen das. Da ist bestimmt noch das ein oder andere bei.

Wenn ich ehrlich bin, mache ich das auch nicht für Holgi und Tüte, die zwei sind nämlich doof. Holgi kommt jetzt in die Küche und hat sich einen Lampenschirm über den Kopf gestülpt. Die alte Flessenschmitt sagt, ohne von ihrem Kreuzworträtsel aufzugucken: »Kommen Sie ruhig rein, Herr Doktor. Ich zieh mich gleich aus.« Unter dem Lampenschirm macht Holgi alberne Furzgeräusche.

»Ist nicht der Doktor«, ruft Tüte von nebenan. »Ist der Abdecker.«

»Ja, ich zieh mich gleich aus.«

Holgi die Stehlampe prustet und rennt beim Versuch, durch die Tür zu verschwinden, volles Rohr gegen den Rahmen.

Nee, ich mach das nicht wegen den beiden. Ich mach das, weil das Briefmarkenalbum da auf dem Küchentisch sicher was wert ist. Hat ihr Mann früher gesammelt. Der Opa Heinz. Die krall ich mir. Und die Porzellanfigur auf dem Fernseher im Wohnzimmer geht auch mit. Ich könnte der Alten noch die Goldzähne rausbrechen, aber da würde sie wahrscheinlich nicht mitspielen.

Dann mach ich mich mal an die Arbeit und trage zwei Küchenstühle im Treppenhaus runter. Draußen parkt der Transporter, in den wir die Sachen reinräumen. Als ich wieder reinkomme, fängt mich der Hauswirt ab. Drygalski hat Tränensäcke wie Aldítüten und einen Mundgeruch, bei dem die Tapete Wellen wirft. »Nur Irre hier im Haus«, raunzt er. »Wenn die mir Ecken in den Putz hauen mit den Drecksmöbeln, hol ich meine Flinte, dass das klar ist.«

»Is klar.« Das meint der ernst. Der war früher schon so, als ich manchmal mit Holgi und Tüte oben zu den Großeltern spielen ging.

Über uns poltert es. Man hört Tüte gackern.

»Ich hol die Flinte!«, brüllt Drygalski. Und dann schickt er knarzend hinterher: »Die zwei Doofen und die irre Alte. Und die dreckelige Kümmeltürkenbande aus dem ersten Stock, die dauernd den Fußball durchs Treppenhaus dellert ... Alles Bekloppte.« Bevor er in seiner Wohnung verschwindet, raunzt er noch mal: »Da hilft nur die Flinte.«

Als ich wieder oben bin, höre ich Tütes Stimme vom Dachboden: »Komma rauf!«

Da oben ist noch mehr Kram. Viel mehr. Sessel, Teppiche, Beistelltischchen, Kleiderständer ...

»Nee, nicht noch mehr!«, stöhne ich.

»Ach Quatsch«, sagt Holgi grinsend. »Das versorgen wir schon selbst. Da is noch was …«

»Was denn?«

»Sag du's ihm«, feixt Holgi.

»Nee, du.«

»Nee, mach du!«

Die beiden sind so bescheuert, dass ich manchmal denke, ihnen müsste die Grütze aus den Ohren laufen.

»Was denn jetzt, Leute?«

Sie hüpfen in eine dunkle Ecke des mit Mobiliar voll-gestellten Dachbodens und ziehen ein Laken weg. Auf dem Fußboden wird etwas sichtbar. Ein Skelett. Kein schöner, weißer, blank polierter Schulknochenmann, sondern irgendwie zerfleddert, mit ein paar modrigen Stofffetzen um die Gelenke.

»Eh, Scheiße«, sag ich.

»Muss Opa Heinz sein«, sagt Tüte. »Der ist vor zwan-zig Jahren einfach verschwunden.«

»Oma hat den kaltgemacht, garantiert.« Holgi kichert dämlich. »Früher war die ziemlich rabiat. Hat immer erzählt, Opa Heinz hätte dauernd Frauengeschichten gehabt. Irgendwann hieß es, er wäre mit ner Friseurin durchgebrannt. Mit so Riesenhupen.«

»Ja, von wegen«, murmelt Tüte und tippt mit dem Fuß gegen den Schädel. »Opa Heinz, Mensch. Du hier, tot aufm Boden.«

Holgi erklärt: »Ham wir gestern hier gefunden. Ham-mer, oder? Hat die hier jahrelang versteckt.«

Nee, ohne mich. Ich werde mir die Finger an so was nicht verbrennen. Ich bin für jedes krumme Ding zu haben, aber das hier ist mir zu heiß.

Ich sage: »Leute, das macht ihr mal hübsch selber.«

»Kannst du uns nicht helfen?«, sagt Tüte so, als würde er sagen: »Darf ich noch was aufbleiben?«

»Nee, kann ich nicht.«

»Wo du doch schon mal so was gemacht hast.«

Scheiße, die Sache mit Toppmöller von vor zwei Jahren hätte ich den beiden echt nicht erzählen dürfen. Die tun ja so, als wäre ich ein offizieller Leichenbeseitiger oder so was.

»Der Toppmöller! Vor zwei Jahren. Hast du uns doch erzählt.«

»Ja, das war was anderes. Den hab ich selbst umgenietet.«

»Und verschwinden lassen!«

»Spurlos!«

Die zwei gucken mich an wie zwei Erdmännchen. Die können einem fast schon leidtun.

»Och bittööööö«, sagt Tüte. Gleich heulen sie.

Diese Nummer mit Toppmöller war einfach so passiert. Der hat mich damals mit seiner Lydia erwischt und fast erschlagen. Dann war ich aber schneller. Messer rein, fertig. Die Bullen haben mich ganz schön in die Mangel genommen, aber die konnten mir nix. Der war einfach weg. Schön zusammengeschnürt in einer Truhe auf dem Sperrmüll.

Mensch, die Lydia, die war schon 'n Schuss. ... will ich aber jetzt nicht dran denken.

Eine Etage tiefer kreischt die alte Flessenschmitt: »Fliegeralarm!«, und aus dem Erdgeschoss brüllt Drygalski: »Ruhe noch mal, verdammte Scheiße!«

Ich gebe mir einen Ruck. Die beiden können ja nix dafür. »Okay, wir falten den zusammen und tun ihn ins Betttuch.«

Die zwei sind auf einmal ganz eifrig und fummeln an den Knochen rum.

»Supi!«

»Nee, wartet mal …« Ich bücke mich. Es sind nur zwei Handgriffe, dann habe ich die drei Goldzähne aus dem morschen Kiefer herausgebrochen. »So sieht der Deal aus, Leute.«

»Klar«, sagt Holgi eifrig. »Den Ring auch?«

»Ach Quatsch, lass mal. Ist sowieso nur Tinnef. Seh ich von hier.«

Sie verknoten das Tuch um den Knochenmann und heben ihn umständlich vom Boden auf. Es klappert in dem Bündel.

Während wir die Treppe runtertapern, Holgi und Tüte mit dem Knäuel und ich mit einem Kommödchen, denke ich: Ein Skelett, na Mahlzeit, da hätte ich nicht mit gerechnet. Irgendwie werd ich das schon quitt werden. Vielleicht an der Baustelle am Bahnhof oder in der Kiesgrube. Das wird schon irgendwie klappen.

Plötzlich rummst es wieder dumpf. Ich will mich gerade zu den beiden umdrehen, als mich der Totenschädel links überholt. Er titscht auf jeder Stufe auf, wird auf dem Absatz über Bande gespielt und poltert weiter die Treppe runter. »Nur immer herein, Frau Schölermann«, flötet die alte Flessenschmitt. »Heute gibt es gedeckten Apfel!«

»Mit dem Drecks-Fußball aufgehört, ihr Drecks-Türkenmischpoke!«, röhrt Drygalski. Ich hechte hinter dem Schädel her und renne dabei fast die alte Flessen-schmitt um, die feierlich die Porzellanfigur vor sich herträgt. Die Meißner Schäferin dreht einen Salto in der Luft und geht dann abrupt in den Sturzflug über. Es klirrt, und weiter unten dreht Drygalski endgül-tig durch: »Ihr wollt es ja nicht anders, ihr Kanaken!« Dann kracht ein Schuss durchs Treppenhaus. Im ers-ten Stock renne ich an der türkischen Frau vorbei, die ein Telefon ans Ohr hält. »Ja, wirklich. Er schießen! Mit Gewehr! Ich haben Angst, kommen schnell. Na-zi!«

Sie sieht den Schädel nicht, Gott sei Dank. Bevor er im Erdgeschoss angekommen ist, kann ich ihn gerade noch abfangen, indem ich mich auf ihn werfe. Scheiße, tut das weh! Provisorisch verstecke ich den Schädel un-ter meinem Sweatshirt und humple die letzten Stufen runter. Aus Drygalskis Nasenlöchern scheint Qualm zu kommen. »Jetzt ist aber Zappenduster«, knurrt er und lädt die Flinte nach. »Jetzt räume ich auf.«

»Machen wir doch schon«, ruft Holgi eilig. »Alles im Griff, Herr Drygalski. Freuen Sie sich doch, der ganze Speicher wird leer.«

»Und eure tüdelige Oma nehmt ihr auch mit?«

»Klar«, beeilt sich Tüte zu sagen. »Kommt heute noch ins Heim.«

»Und euer ganzes beschissenes Möbellager ver-schwindet auch?«

Sie nicken eifrig, während sie das weiße Bündel an ihm vorbeitragen. »Das hatten wir ja alles nur zusam-mengesammelt, um es bei Ebay zu verticken.«

»Hä? Der Rotz ist doch bloß Sperrmüll!«

»War mal so 'ne Idee. Hat ja nix gekostet. War ja genug Platz da oben.«

Draußen schiebe ich den Schädel auf die Ladefläche und stülpe einen Eimer drüber. Die beiden folgen mir und nehmen Anlauf, um das Knochenbündel in den Transporter zu pfeffern, da hält Holgi plötzlich inne. Sein Blick wandert die Straße hinauf. Da hinten kommt langsam jemand über den Gehsteig auf uns zugewackelt. Ein alter Mann. »Das ist doch …«

An der Seite des Mannes ist ein kleines Hündchen zu sehen.

»Nee, das kann doch nicht …«, staunt jetzt auch Tüte. Und in diesem Moment stößt über uns die alte Flessenschmitt am offenen Fenster einen Jubelschrei aus und lässt lauter kleine Papierschnipsel durch die Luft tanzen, als wär der Lindbergh über den Ozean gekommen. »Heinz! Mein Heinz!«, krakeelt sie. Sie hat sich für den Doktor bereits ihrer Kleidung entledigt. »Ich wusste, dass du zurückkommst!«

Es sind Hunderte von Briefmarken, die um uns herum zu Boden tanzen. Verfluchte Kacke! Holgi und Tüte stehen mit weit offenen Mündern da und merken nicht, wie ihnen das Bündel aus der Hand gleitet. »Opa Heinz«, sagen sie im Chor. Im nächsten Augenblick scheppern die Knochen über den Asphalt.

Ich lüfte vorsichtig den Eimer und gucke zwischen dem Schädel und dem sich nähernden Opa hin und her. Gibt's doch gar nicht. Und plötzlich muss ich an exakt drei Goldzähne denken, die Toppmöller damals im Mund hatte, als ich ihn umgenietet hab. »Wo war das Skelett versteckt?«, frage ich leise.

»In so 'ner ollen Truhe, die wir vor'n paar Jahren mal vom Straßenrand aufgesammelt haben«, brabbelt Tüte und kann die Augen nicht von Opa Heinz abwenden. Der Hund kommt jetzt fröhlich auf uns zugehoppelt. Ein ondulierter Pudel. Auch Opa Heinz sieht richtig gut frisiert aus. Hat bestimmt die Friseuse mit den dicken Hupen gemacht.

»Ne Truhe?«, frage ich leise. »Wann?«

»Vor zwei Jahren.«

Ich kann plötzlich nicht mehr sprechen. Die Flüche und Schimpfwörter wollen alle gleichzeitig raus, und ich hab Stau im Mund.

»Ja, die haben wir nicht aufgekriegt damals. Aber die Oma hat ja dann irgendwie doch den Opa Heinz da reingekriegt. Dachten wir jedenfalls gestern.« Holgi verschwendet offenbar keinen Gedanken daran, wer da in Wirklichkeit jahrelang skelettiert auf dem Dachboden gelegen hat.

Opa Heinz ist stehen geblieben, starrt zu seiner Frau hinauf, die jetzt ein Kirchenlied schmettert. Er hat den Mund weit offen stehen. Ich auch. Und auch der Pudel, der jetzt gut gelaunt um die Knochen rumwuselt, schnüffelt und sabbert und sich schließlich die rechte Knochenhand schnappt und damit davongaloppiert. In diesem Moment sehe ich noch mal den Ring an einem der bleichen Finger glänzen, und jetzt weiß ich sogar, dass darin ein Name eingraviert sein muss: Lydia.

Gerade als der nächste Schuss aus Drygalskis Gewehr die Luft zerreißt, schreit die Türkin wieder los und kommt schreiend aus dem Hauseingang gestolpert. Laut heulend läuft sie die Straße entlang, genau auf das Polizeifahrzeug zu, das in diesem Moment um die nächste Ecke biegt. Der schön geföhnte Pudel beglei-tet sie dabei schwanzwedelnd. Er will den Bullen jetzt sicher ganz stolz seinen leckeren Fund zeigen.

H wie Hochzeitstach

»Hallöchen, Hiltrud!«

»Hallo, Hannelore.« *(Händeschütteln)* »Herein. Hunger?«

»Hmmm.«

»Hasse Hemmungen?«

»Hatte heute Hackbraten.«

»Holunderblütentee?«

»Halbes Henkeltässchen.«

(Hiltrud hantiert) »Hier hasse.«

»Habter heute Hochzeitstach?«

»Hamwer.«

»Hach, herrlich!«

»Heuchlerin.«

»Hömma!«

»Hab hinreichend Hass!«

»Heinz?«

»Hängt hinterm Haus.«

»Hängematte?«

»Hanfseil.«

»Huch! Hin?«

»Hoffentlich. Hihi.«

»Hinterlassenschaft?«

»Herausragend! Honda, Hazienda,
Haus – hypothekenlos.«

»Heidewitzka!« *(Hannelore hebt Henkeltasse hoch)*

Mörder suchen ein Zuhause

Die Show, die Herzen öffnet

Stefan: Herzlich willkommen, meine Damen und Herren zu »Mörder suchen ein Zuhause«, unserer kleinen Show, in der wir auch heute wieder versuchen wollen, ein paar ganz besonderen Prachtexemplaren von Mördern ein neues Zuhause zu vermitteln. Mörder, die Anschluss suchen, Mörder, die sich nach Zuwendung sehnen. Da müssen wir helfen, da dürfen wir nicht wegsehen. Die Haftanstalten sind voll von ihnen. Viele gleich in Ihrer Nähe. Wir blenden während der Sendung wie immer die entsprechenden Nummern ein, unter denen Sie anrufen und sagen können: Der da, das ist der richtige Mörder für mich!

Ich bin der Stefan, und zusammen mit meinem Team habe ich wieder ein paar besonders possierliche Racker für Sie ausgesucht, denen wir heute mit etwas Glück den lang ersehnten Familienanschluss vermitteln wollen.

Als Erstes haben wir hier gleich so ein echtes Gute-Laune-Paket, ein richtiges Sonnenscheinchen von einem Mörder. Den Wendelin. Der Wendelin aus Rheda-Wiedenbrück ist ein Schwiegermuttermörder vom guten, alten Schlag, der hat schon ein paar Schwiegermütter auf dem Kerbholz, der Wendelin. Wendelin, du machst das richtig gerne, nicht wahr, du kleiner Racker, du Rabauke?

Wendelin: (verklemmt grinsend) Hmmm, njaaaaa, schon. Irgendwie.

Stefan: Mit den Händen?

Wendelin: Meistens schon.

Stefan: Keine Waffen?

Wendelin: Nööö, zu kompliziert.

Stefan: Das würden andere auch gern tun. Aber du hast dich getraut. Schon ganz oft, wenn das stimmt, was ich hier lese. Wie viele waren es denn schon, Wendelin?

Wendelin: Najaaaa, so vier.

Stefan: Ui, vier Stück!

Wendelin: Eigentlich dreieinhalb.

Stefan: Dreieinhalb?

Wendelin: (windet sich) Ja, die eine war ja noch nicht ganz tot. Also zuerst nicht. Aber dann bin ich am nächsten Tag noch mal zurück …

Stefan: So bescheiden, so ein feiner Kerl. Bist ein feiner Kerl? Ein Feiner! Gucken Sie mal, der treue Blick, die glänzenden Löckchen … Ein ganz, ganz Feiner!

Wendelin: Njaaaaa, ich würd aber so gern noch mal.

Stefan: Hören Sie's, er würde gern noch mal! Ist das nicht ein Zückerchen, der Wendelin? An dem hat man viel Freude. Der ist ein reinlicher, ganz, ganz ruhiger Zeitgenosse. Der nimmt auch nur das Messer. Da knallt nix, da geht nix kaputt. Gell, Wendelin, es knallt nicht?

Wendelin: Na jaaaa, es blutet natürlich auch schon mal.

Stefan: Das kann natürlich immer mal passieren. Aber das weiß man ja, wenn man einen Mörder bei sich aufnimmt, nicht wahr? Wir blenden mal die Telefonnummer ein. Ganz wichtig natürlich: die Schwiegermutter, die muss natürlich sein. Ohne Schwiegermutter wird es dem Wendelin dann schnell langweilig, da fängt er dann am Ende in der Nachbarschaft an herumzumeucheln. Also nur mit einer gültigen Schwiegermutter. Rufen Sie jetzt gleich an. Der Wendelin ist reinlich und kann sich gut benehmen, Sie können ihn mit ins Restaurant nehmen, und er kommt auch mit allen Papieren …

Wendelin: Die hab ich alle selbst geschrieben.

Stefan: So was kann er auch noch, der Wendelin. Also, da bin ich mir sicher, dass das nicht lange dauern wird, bis der Wendelin …

Fredo: (blafft aggressiv) He, Typ, bin ich jetzt langsam mal dran?

Stefan: Ja, ja, ja, jetzt bist du dran, ganz genau, Fredo. Wir sind immer noch bei »Mörder suchen ein Zuhause«, und, meine sehr verehrten Damen und Herren, schauen Sie sich dieses Prachtexemplar von einem Mörder einmal ganz genau an. Steh einmal auf, lieber Fredo. Der Fredo ist ein bisschen nervös. Vor den Kameras, das ist ja nicht alltäglich, gell, Fredo?

Fredo erhebt sich.

Stefan: Der Fredo, gucken Sie mal, das kräftige Gebiss, die muskulöse Gestalt. Der Fredo kommt aus Haselbach im Bayerischen Wald, und der Fredo ist ein Hecken-schütze. Also der schießt aus dem Hinterhalt. Der Fredo braucht viel, viel Freiraum, da darf man sich nicht ver-tun. Dreh dich mal hin und her, Fredo, zeig dich mal unseren Zuschauern, dass sie mal sehen, was für ein Pfundskerl da auf sie wartet.

Fredo dreht sich hin und her.

Stefan: Der Fredo hat insgesamt schon elf Leute er-schossen. Ist also ein echtes Naturtalent. Hat sich das alles selbst beigebracht. Ein Autodidakt also gewisser-maßen. Gell, Fredo, das hast du dir selbst beigebracht.

Fredo: Alles selbst beigebracht. Ich schieße Ihnen auf dreihundert Meter ein drittes Nasenloch!

Stefan: Das ist toll, Fredo! Liebe Zuschauerinnen und Zuschauer, wir blenden mal einen kleinen Film ein, da sehen Sie mal, wie der Fredo das so macht, in seinem Revier, mit seinem Gewehr. Sooo, da ist die Hecke, se-hen Sie, man kann den Fredo kaum sehen. Der steht da-hinter. Da sieht man ein paar Haare, süß. Fredo, sag uns mal, was du da gerade machst.

Fredo: Also, da ziele ich gerade. Auf den Mann da auf dem Parkplatz. Der mit den zwei Einkaufstüten. Da kommt er raus, da vorne, zwischen dem grauen Astra und dem kleinen roten Twingo. Der ist zwar sehr weit weg, aber jetzt gleich sehen Sie, dass das für mich gar kein Problem … Ich ziele also jetzt. Kann man nicht sehen, muss man sich vorstellen … Und jetzt kommt gleich der Schuss … Warten Sie … Aufpassen … Da! Und jetzt … Peng! … Gucken Sie, da kippt der um. Hab ich mal wieder geschafft!

Stefan: Toll, Fredo, ganz, ganz toll! Und das ist ja klar, liebe Zuschauer, in seinem Gefängnis, da hat der Fredo kaum eine Möglichkeit, sich und sein Talent richtig zu entfalten. Da ist ja die Möglichkeit einer artgerechten Unterbringung gar nicht gegeben. Also, wenn Sie eine schöne, dichte Hecke zu Hause haben, dann …

Fredo: Aber nicht, wenn Vögel drin nisten!

Stefan: Nein, dann geht das natürlich nicht. Am besten wäre ja, wenn sogar noch ein Supermarkt oder ein anderer großer Parkplatz in der Nähe wäre. Aber zur Not kann man natürlich mit dem Fredo auch rausfahren, zum Einkaufszentrum. Ein Gewehr findet sich ja vielleicht auch noch. Schauen Sie mal, hier kommt auch schon die Telefonnummer von unserem Prachtburschen Fredo.

Oh, ich höre, wir haben auch schon die ersten Anrufe für den Wendelin. Da gibt es offenbar schon ein paar Herren in der Leitung, die auch eine entsprechende Schwiegermutter zu Hause haben.

Freust du dich, Wendelin? Na, freust du dich? Ja, du freust dich, gell?

Wendelin: (verklemmt grinsend) Njaaaa, schon. Irgendwie.

Stefan: So, und jetzt machen wir mal eine Außenschalte, Sie kennen das, liebe Zuschauer. »Mörder suchen ein Zuhause unterwegs«. Ich rufe mal die Biggi, die ist nämlich gerade im Hochsicherheitstrakt der Frauen-JVA Vechta. Biggi? Biggi, kannst du mich hören?

Biggi: Ja, hallo, Stefan. Ich kann dich nicht so gut hören.

Stefan: Was ist denn das für ein Lärm?

Biggi: Ja, die sind natürlich alle Fans von »Mörder suchen ein Zuhause«, ist ja klar. Die rennen hier in ihren Zellen rum und schreien rum und dellern mit dem Essgeschirr gegen die Gitterstäbe.

Stefan: Das muss ein tolles Gefühl sein, Biggi. Und du hast heute ein ganz besonderes Exemplar für uns?

Biggi: Oh ja, das kann man wohl sagen, Stefan. Süßer geht es kaum. Das wird Ihr Herz berühren, liebe Zuschauerinnen und liebe Zuschauer. Wir haben nämlich hier im Hochsicherheitstrakt die kleine Ingelore. Die hat im Mädcheninternat mit dem Beil drei Mitschülerinnen, die mit ihr die Stube geteilt haben, gewissermaßen halbiert. Und dann hat sie sich aus den Haaren der drei einen hübschen Schal gehäkelt. Schauen Sie sie mal an, sie ist noch so süß und so klein und hat das wirklich ganz ohne fremde Hilfe gemacht.

Stefan: Donnerwetter, das ist ja ein richtiges Wunderkind, die kleine Ingelore!

Biggi: Jaha, das kann man wohl sagen, lieber Stefan. Die Ingelore ist ein Mäuschen, ein ganz ein liebes.

Stefan: Möchte sie uns wohl mal was erzählen? Kann sie ein Gedicht aufsagen? Oder mal erzählen, wen sie mal ermorden will, wenn sie mal groß ist?

Biggi: Tja, das geht leider nicht, lieber Stefan. Sie beißt nämlich auch sehr gerne. Nasen, Finger und Ohrläppchen. Immer ganz ab. Und deshalb hat sie ja diese hübsche Ledermaske mit dem Knebel, und sie ist ja auch mit den Gurten an diesem Stahlgestell fixiert. Was ja auch sehr praktisch ist, liebe Zuschauerinnen und Zuschauer, denn mit diesem Gestell nimmt sie dann ja auch kaum Platz weg bei Ihnen in der Wohnung. Da sind Rollen drunter, damit können Sie das ganz bequem hin und her schieben. Wenn Sie vielleicht mal drunter staubsaugen wollen oder Besuch kriegen oder so.

Stefan: Praktisch, wirklich sehr praktisch.

Biggi: Ja, das Gestell und die Gurte und all das kommt natürlich mit zu Ihnen nach Hause. Es traut sich ja auch gar keiner, die Ingelore für den Transport abzuschnallen.

Stefan: Da kann man sicher auch was mit einer Anhängerkupplung machen …

Biggi: Oh, sicher!

Stefan: So, da wird jetzt auch schon die Nummer für die kleine Ingelore eingeblendet. Ich bedanke mich bei meiner reizenden Kollegin Biggi. Dir noch einen schönen Tag in der JVA. Ich kenne dich, am Ende kannst du es ja doch wieder nicht lassen und suchst dir noch eine Mörderin für zu Hause aus.

Biggi: (lacht) Könnte sein, Stefan, könnte sein. Ich habe ja schon drei. Da reicht es auch für vier.

Stefan: Servus, Biggi!

Biggi: Servus, Stefan!

Stefan: Och, jetzt schauen Sie doch mal, wie der Wendelin und der Fredo da so hübsch miteinander spielen, liebe Zuschauer. Ist das süß? Ist das nicht süß? Seid schön brav, ihr beide, tut euch nicht weh. Vorsicht mit dem Messer, Wendelin, hinterher weint einer!
So, liebe Zuschauer, und dann habe ich Ihnen ja noch ein Happy End versprochen. Sie kennen das alle, liebe Zuschauerinnen und Zuschauer. Sie sind im Ausland, auf Mallorca, in Griechenland oder in der Türkei, Sie sind entspannt und fühlen sich wohl, und da fallen sie einem besonders ins Auge, die Mörder, die ihr Dasein unter den elendsten Bedingungen in den Urlaubsländern fristen. Hand aufs Herz, wer von uns hat nicht schon einmal daran gedacht, einen Mörder aus dem Urlaub mit nach Hause zu nehmen?

Ja, und deshalb wollen wir am Schluss mal sehen, was aus dem Fall unseres italienischen Mörders aus der letzten Sendung geworden ist. Sie erinnern sich sicher alle.

Stimme aus dem Off: Giorgio, ein glutäugiger, sympathischer Kerl aus Italien, wurde 2014 von einem deutschen Ehepaar aus dem Urlaub mit nach Deutschland gebracht. Drei Monate später ermordet Giorgio die beiden in ihrem Eigenheim in der Nähe von Bamberg. Die junge Frau erschlägt er mit einem 32er-Schraubenschlüssel, und den Mann zerquetscht er mit dem Auto in dessen Garage. Der Fall macht bundesweit Schlagzeilen, es steht in allen Zeitungen. Giorgio sitzt seither im Gefängnis und wartet darauf, dass er eines Tages wieder morden kann. Als sein Fall schließlich im Mai dieses Jahres in »Mörder suchen ein Zuhause« vorgestellt wird, ist die Zuschauerresonanz groß, und für Giorgio geht endlich wieder die Sonne auf.

Stefan: Ja, was soll ich Ihnen sagen, liebe Zuschauer, die Geschichte hat ein Happy End!

Hier im Studio haben wir heute den Heinz-Dieter. Heinz-Dieter, Sie haben sich ein Herz gefasst und haben dem Giorgio ein neues Zuhause gegeben!

Heinz-Dieter: (rheinisch) Ja, wie wir dat im Fernseh jesehen haben, letztes Mal, da haben meine Frau, die Elfi, und ich direkt jesacht: Der arme Kerl! Ist dat nicht traurig? Wissen Sie, ich war mir zwar immer sicher: Ein

Mörder kommt mir nicht ins Haus, aber man hat ja kein Herz aus Stein, ne?

Nee, ehrlich, ich wollte eigentlich keinen haben. Dat bindet einen ja auch so. Da kann man nich mehr reisen, wie man will, ne? Aber wie der dann so treuherzig mit seinen schwarzen Knopfäugelchen in die Kamera geguckt hat … Nä … Also wir waren sofort hin und weg von dem Kerlchen. Meine Frau hatte direkt den Telefonhörer in der Hand.

Stefan: Ach, wie schön! Und der Giorgio lebt also jetzt zu Hause bei Ihnen in … Wendelin, tu das nicht!

Wendelin: Der Fredo will das aber so!

Fredo: Ich will das aber so!

Stefan: Aber nicht so ganz, ganz feste. Wenn einer von euch stirbt, ist das nicht schön für die Zuschauer.

Heinz-Dieter, wo waren wir stehen geblieben? Ach ja, Ihr Wohnort!

Heinz-Dieter: In Köln-Nippes. Ja, dat war eine Freude, wie der ankam, da is der dann auch gleich rumgelaufen und hat sein Revier markiert. Mal so überall in der Nachbarschaft gucken und so, sich mit allen mal bekannt machen, ne? Hat auch gleich schon mal einen gewürgt. Also noch nicht richtig fest zujedrückt, aber dat kommt sicher noch. Das steckt dem ja im Blut, da machen wir uns gar keine Sorgen. Da sind meine Frau und ich ganz zuversichtlich.

(Mit brechender Stimme) Der Giorgio, der is unser Augenstern, der hat unserem Leben einen janz neuen Sinn jejeben!

Oh, Moment, meine Frau simst mir grad was. Muss ich mal gucken. (Freudig): Och neee! Et is passiert. Jetz grade! Hat er also seinen ersten Mord bei uns begangen, der Giorgio! Och, is dat schön!

Stefan: Ja, da gratuliere ich aber! Das ist ja ein richtiges Happy End mit allem Drum und Dran! Wen hat er denn ... Jemanden aus der Nachbarschaft?

Heinz-Dieter: (begeistert) Nee, offenbar meine Frau. Die Elfi schreibt noch: »Hilfe! Der Giorgio will mich ...«, und dann bricht die SMS ab. Och, is dat schön!

Ja, dat hab ich gleich gemerkt, dat dat zwischen den beiden jefunkt hat. Die Elfi war gleich dem Giorgio seine Bezugsperson. Hach, schön!

Stefan: Ja, und mit diesen wirklich rührenden Neuigkeiten müssen wir uns leider wieder einmal von Ihnen verabschieden, meine sehr verehrten Damen und Herren. Ich hoffe, wir sehen uns wieder beim nächsten Mal. Jetzt fangen bald die Ferien an, und viele Mörder wird bestimmt das gleiche traurige Schicksal ereilen, dass sie auf bundesdeutschen Rastplätzen zurückgelassen werden. Ein trauriges Bild, das uns während der nächsten Wochen sicher begleiten wird.

Aber es gibt ja unsere Sendung »Mörder suchen ein Zuhause«, meine Damen und Herren, und es gibt Sie da draußen, die Menschen, die immer wieder unter Beweis stellen, dass sie ein Herz für Mörder haben.

Gemeinsam werden wir auch nächstes Mal wieder versuchen, die Welt ein kleines bisschen mörderfreundlicher zu machen.

Schalten Sie wieder ein. Tschüss!

Ab ins Wasser

Still ist es. Unglaublich still und sehr friedlich. Ganz tief atmet Friedbert die würzige Luft ein. Ein kleiner Sommerregen hat am Vorabend die schwüle Luft weggewaschen, über Nacht ist es merklich kühler geworden. Über dem Wald geht jetzt eine freundliche Sonne auf und verspricht einen der letzten schönen Sommertage.

Friedbert ist schon ziemlich lange nicht mehr an der Steinbachtalsperre gewesen. Als Kind sehr oft, zum Schwimmen, im Freibad, später dann ein paar Mal mit seiner Frau, seit die ihn aber vor fünfzehn Jahren hat sitzen lassen, hat er nur noch selten den Weg hierhin gefunden. Um diese Zeit ist es schön einsam hier. Kein Mensch nimmt Notiz von dem Mann mit dem farblosen Windjäckchen, dem altmodischen Pullunder und dem struppigen Hund, der den See umrundet.

Er sieht ganz ausgeglichen aus, ein bisschen verträumt, nachdenklich. Dabei ist er in Wirklichkeit angespannt bis zu den Haarspitzen, verkrampft, knirscht mit den Zähnen. Schließlich hat er vor ein paar Stunden einen Mord begangen.

Als er das Schwimmbad passiert, muss er an früher denken. An Sonnenbrand und an frisch gemähtes Gras zwischen den Zehen und auf dem Eis am Stiel, das ihm immer runtergefallen ist. Er denkt auch daran, dass er vom Dreimeterbrett geschubst wurde, als er sich selbst nicht zu springen traute.

Aber all das lenkt ihn nur kurz ab. Im nächsten Moment ist nämlich da schon wieder das Bild seines toten Vetters vor seinem geistigen Auge, wie er da so liegt, auf dem Boden, den Mund weit offen stehen. Fies. Richtig fies.

Sein Vetter Karies hatte seinen Spitznamen nicht von ungefähr verpasst bekommen. Er grinste immer gerne und oft und machte seiner Umwelt wenig Freude damit. Überhaupt war er alles andere als ein Sonnenschein. Karies hatte einen ganz miesen Charakter.

Das hatte er Friedbert am Vorabend mal wieder deutlich gemacht, als er ihm auf dem Parkplatz hinterm Euskirchener Bahnhof auflauerte und sich sein Auto für eine seiner Gaunertouren ausleihen wollte. Beim letzten Mal hatte er eine Beule reingefahren. Und komisch gerochen hatte es auch im Auto. Vom leeren Tank ganz zu schweigen. Und jetzt schon wieder? Das hatte Friedbert gar nicht gepasst, und zum ersten Mal hatte er sich geweigert.

Und dann hatte ihm Karies plötzlich den Lauf der Pistole auf die Nasenspitze gedrückt. Und gegrinst, klar. Mit seinem Schrottgebiss.

Worauf genau Friedbert in diesem Moment allergisch reagierte, weiß er im Nachhinein gar nicht mehr. Waffenöl? Oder das süßliche Rasierwasser seines Vetters? Jedenfalls ließ der Nieser nicht lange auf sich warten. So ein Riesenkracher, einer, bei dem die Kellnerinnen im Café schon mal das Tablett fallen lassen. Genau in diesem Moment lief der Köln-Trierer Zug ein, und der Lärm übertönte alles. Auch den Schuss, der sich aus der Pistole löste, als Karies sie fallen ließ und Friedbert sie instinktiv aufschnappte.

Also Mord war es nicht so richtig. Eher Zufall. Wie bei Friedbert eigentlich alles meistens Zufall ist.

So, das war also gestern.

Friedbert guckt auf den struppigen Hund, der neben ihm her trottet. Es juckt ihn schon wieder in der Nase. Ob er auf den auch allergisch reagiert? Würde ihn gar nicht wundern.

Den Hund hat er sich ausgeliehen. Bei seiner alten Nachbarin, Frau Frohnrath. Die hat sich schon ein bisschen gewundert, als er um halb sieben bei ihr geklingelt hat. Aber mit dem Hund sieht der Spaziergang natürlicher aus, findet Friedbert.

»Macht dir das Spaß?«, fragt Friedbert, aber der Hund reagiert gar nicht. Er hechelt nur völlig teilnahmslos vor sich hin. Frau Frohnrath hat ihn erst wecken müssen. Er wollte gar nicht aus seinem Körbchen.

Seinen Vetter Karies hat Friedbert auf dem Parkplatz liegen lassen. Der hat ja immer mit allerhand komischen Typen zu tun gehabt ... Friedbert war mal auf der Grillparty bei ihm eingeladen gewesen. Er ist sich vorgekommen wie in einem Gangsterfilm.

Nur die Pistole, die stellt jetzt noch so ein Problem dar. Da sind ja nicht nur seine Fingerabdrücke drauf, sondern garantiert auch ein bisschen Nasenschleim. Wo lässt man so ein Ding am besten verschwinden? Friedbert trennt immer ordentlich seinen Müll, und es gibt da ganz genaue Vorschriften. Über Alt-Pistolen steht da ganz bestimmt nichts.

Ab ins Wasser, hat er sich also gedacht. Die Steinbachtalsperre ist schön tief, da verschwindet das Ding erst mal für ein paar Jahrzehnte. Es ist gerade knapp zwanzig Jahre her, dass sie trockengelegt und saniert wurde. Das dauert immer eine Ewigkeit.

Der Hund bleibt stehen und guckt bockig.

»Och nee, jetzt komm«, sagt Friedbert. »Alle Hunde gehen gern spazieren.« Er will bis zur Staumauer. Da ist es vermutlich am tiefsten. »Hinterher gibt es Leckerli.« Nützt auch nichts. Erst als Friedbert an der Leine ruckelt, setzt sich der Hund betont langsam in Bewegung, mit einem Laut, der sich ein bisschen anhört wie ein entnervtes Stöhnen.

Friedbert übt schon mal mit dem rechten Arm Werfen. Er tut so, als schleudere er die Pistole ins Wasser. Hoffentlich verrenkt er sich nicht wieder die rechte Schulter, wie letztens, beim Tapezieren. Oder holt sich eine Schleimbeutelentzündung. Hat er alles schon gehabt. Na, wird schon irgendwie klappen. Kann ja nicht schwer sein, was ins Wasser zu werfen. Ein kleines Päckchen. Zewa ist drum. Und ein blauer Gefrierbeutel. Könnten auch Hähnchenbrustfilets drin sein.

Kein Mensch ist unterwegs. Da vorne ist die Staumauer. Jetzt nur noch die große Kurve …

»Morgen, Friedbert!« Sein Kollege Mertens aus der Kreditabteilung. Steht da plötzlich vor ihm und strahlt ihn mit rot glänzenden Bäckchen an. »Hast du frei?«

»Ja, hab noch Urlaub abzufeiern. Und du? Du bist doch krankgeschrieben.«

»Jahaaa, aber nicht bettlägerig!« Mertens hebt wichtig den Zeigefinger. »Frische Luft ist gesund.« Er beugt sich zu dem Hund hinunter. »Einen Hund hast du auch? Ja, du bist ja ein Feiner. Ein Feiner bist du. Bist du ein Feiner?« Der Hund wendet sich gelangweilt ab und gähnt.

»Ich hab ihn nur ausgeliehen«, erklärt Friedbert. »Der muss jetzt aber auch langsam wieder zurück.

Los, komm, wir müssen weiter.« Er lässt Mertens stehen und zerrt den Hund hinter sich her. Er fängt an zu schwitzen. Der Hund stemmt sich mit den Beinen gegen die Laufrichtung. »Jetzt komm schon, dämliches Vieh!«, schimpft Friedbert und ruckt an der Leine. Dabei rempelt er rüde einen Jogger im eng anliegenden, neonfarbenen Dress an, der plötzlich wie aus dem Nichts aufgetaucht ist.

»Hast du keine Augen im Kopf, du Honk?« Der dünne Mann, der nur aus Sehnen zu bestehen scheint, trippelt einen Moment lang auf der Stelle und guckt ihn feindselig an. Dann läuft er weiter und ruft ihm über die Schulter zu: »Und wehe, dein Hund kackt hier hin!«

»Ist nicht mein Hund«, knurrt Friedbert und macht jetzt weit ausholende Schritte. Jetzt zur Staumauer! Sofort!

Das scheint sich hier langsam zu beleben. Wenn er seine Sache jetzt nicht erledigt, wird es ihm schwerfallen, dabei unbeobachtet zu bleiben.

Plötzlich wird er fast herumgerissen, als der Hund stocksteif stehen bleibt. Er senkt das Hinterteil ... und kackt mitten auf den Weg.

Da ist mit einem Mal wieder Mertens an seiner Seite. »Ach weißt du, Friedbert, ich hab mir überlegt, dass wir den Rest ja auch zusammen gehen können.« Friedbert ballt die Fäuste, legt gequält den Kopf in den Nacken und kneift die Augen zu. Er würde am liebsten laut losschreien.

Mertens zeigt belustigt auf den Hund. »Och, guck mal da, der ...«

»Der kackt!«, krakeelt jetzt der Jogger, der zurückgelaufen kommt. »Wusste ich doch! War ja klar!«

Vom Seeufer kommt jetzt eine weitere Stimme. Wütend. Ein Mann in einem Boot. »Sagt mal, habt ihr's bald, ihr Dödel?« Er schwenkt drohend eine Angelrute. »Vielleicht will ich hier meine Ruhe haben. Da beißt ja keiner an!«

»Beißt der?«, fragt Mertens interessiert und beugt sich wieder zu dem Hund hinunter.

»Der macht gar nichts«, murmelt Friedbert.

Der Hund demonstriert es. Er zeigt alles, was er nicht kann.

»So, und wer macht das jetzt weg?«, schnarrt der dürre Jogger und hopst wieder auf der Stelle. »Haben Sie einen Kotbeutel dabei?«

Ja, ja, einen Beutel hat Friedbert dabei, aber da steckt schon was anderes drin. Etwas, das er jetzt dringend loswerden muss. Er hat das Gefühl, dieses schreckliche Ding brenne ein Loch in die Tasche seines Blousons. Er wird es nicht mehr bis zur Staumauer schaffen. Hier sind plötzlich viel zu viele Leute.

»So, und immer schön zwei und zwei!«, ertönt die schneidend scharfe Stimme der Kindergärtnerin, die mit dreiundzwanzig munter lärmenden Kindern zwischen den Bäumen auftaucht.

»Ich hab aber keinen!«, heult das dreiundzwanzigste Kind.

Friedberts wenige Haare stellen sich senkrecht auf. Das darf doch nicht wahr sein! Was kommt denn wohl als Nächstes? Eine Rugbymannschaft? Der Heilige Vater im Papamobil? Reitende Indianer? Fallschirmspringer? Würde ihn alles nicht wundern.

Die Kinder schneiden ihm regelrecht den Weg ab.

»Ein Hund!«, quakt ein rothaariger Lümmel.

»Ist der süß!«, piepst eine Kleine mit Zopf.

»Der stinkt!«, konstatiert die Kindergärtnerin.

»Kann der was?«, fragt ein Zwillingspärchen gleichzeitig.

»Der macht ja gar nichts!«, heult das dreiundzwanzigste Kind.

Der Hund macht wirklich nichts. Er guckt nur trübe und mit hängenden Lefzen. Man könnte meinen, er sei soeben beim Kacken gestorben und kippe nur nicht um, weil er es noch nicht gemerkt hat.

Am Rand der Steinbachtalsperre ist es jetzt trotz der frühen Stunde so laut wie auf dem Euskirchener Wochenmarkt. Wohin mit der Pistole?

Wohin nur mit dieser verdammten Pistole?

Er sieht wieder das verwitterte Grinsen seines Vetters Karies vor sich.

Friedbert spürt, wie es langsam in ihm hochkocht. Seine Ohren glühen wie flüssige Lava, es zischt in seinem Kopf, er hat das Gefühl, der Wasserdampf quelle aus seinen Nasenlöchern heraus. Gleich platzt er. Es kann nicht mehr lange dauern! Er muss jetzt endlich was tun!

Also gut: Er reißt den Mund und die Augen weit auf, zeigt mit dem ausgestreckten Zeigefinger halblinks in den Wald hinein und brüllt laut und kehlig, aus den tiefsten Tiefen seiner Seele: »Oh, mein Gott! Was ist das?« So laut, dass die frühen Vögel die Würmer fallen lassen und flügelschlagend aus dem Geäst in die Morgenluft aufsteigen.

Und auch so laut, dass siebenundzwanzig Augenpaare gleichzeitig in die ungefähre Richtung starren, in die sein Finger gezeigt hat.

Sie sehen … nichts. Da ist ja auch nichts.

Vor allem aber sehen sie das nicht, was Friedbert jetzt tut, um diese eine winzige Sekunde zu nutzen. Wie er unbeobachtet das Päckchen aus der Tasche reißt und mit einer weit ausholenden Bewegung in den See schleudert.

Zwar ist in der plötzlich entstandenen Stille deutlich ein Platschen zu hören, aber niemand kann es zuordnen.

Niemand.

Außer dem Hund.

Es geht alles verblüffend schnell. Die Ohren sind sofort steil aufgerichtet, die Augen glänzen hellwach und unternehmungslustig, der Hund springt auf, rupft die Leine aus Friedberts Hand, sodass dieser torkelt und fast umfällt, macht einen gewaltigen Satz nach vorne und stürzt sich in das Wasser. Er braucht nur wenige Schwimmstöße und schlägt im nächsten Augenblick schon seine gelblichen Zähne in das bläuliche Päckchen, das die Luft im Plastikbeutel am Untergehen gehindert hat.

Spontaner Applaus brandet auf.

Der Hund wendet, kommt wieder an Land, schüttelt sich in einem gewaltigen Wirbel von Tröpfchen das Wasser aus dem struppigen Fell, und während er all das tut, lässt er das Päckchen nicht los.

»Der kann ja doch was«, kräht das Zwillingspärchen fröhlich.

Ja, denkt der Hund wahrscheinlich, als er fröhlich und mit einem Schwanzwedeln die Uferböschung heraufgetrabt kommt. Oh ja, er kann was.

Im Gegensatz zu dem blöden Typen, der ihn in aller Herrgottsfrühe um den halben See geschleppt hat.

Der Thermomix

Eine Eskalation in sechs Stufen

1

Er kocht – so spricht sie – uns ein Mittagsmahl im Nu.
Mus, Suppe, Eintopf, Auflauf und Ragout.
Nur auf den Knöpfchen ein paar Klicks.
Ein Wunderwerk ist dieser Thermomix.

2

Denn all die andern Frauen, musst du wissen,
haben ihn und wollen ihn nicht missen.
Es wär die höchste Stufe meines Glücks.
Ich möcht gern einen Thermomix.

3

Was sträubst du dich? Ich koche überhaupt nicht mehr!
Dir fällt ja schon das Dosenöffnen schwer.
Wegen des mangelnden Geschicks
verhungerst du ohne den Thermomix.

4

Du liebst mich nicht, ich bin dir ganz egal!
Mit dir zu leben ist mir eine Qual!
Ich lass mich scheiden, und es bleibt dir nix!
Besorg mir einen Thermomix!

5

Im Kerzenschein erstrahlt der Weihnachtsbaum.
Die meisten Päckchen registriert sie kaum.
Nur eines packt sie aus ganz fix.
Wehe, das ist kein Thermomix!

6

Es blitzt, sie zittert, es beginnt zu schmoren,
Qualm steigt aus ihren beiden Ohren.
Als Bastler hat man seine Tricks.
Jetzt hat sie ihren Thermomix.

Kittelschürzenkarate

Zunächst einmal muss es als unerschütterliche Tatsache festgehalten werden, dass man im Nachhinein ja immer alles besser weiß. Hartmut »Scirocco« Dünstekoven hätte das alles ganz anders machen müssen. Ehrlich gesagt hat er gleich mehrere wirklich gravierende Fehler gemacht. Aber, wie gesagt, im Nachhinein ist man ja immer schlauer.

Sagen wir einfach mal, dass Scirocco sich besser damit abgefunden hätte, dass seine Tina ihn nach einem Dreivierteljahr abserviert hat. Verdient hat er das jedenfalls. Im Grunde genommen hat das schon mindestens ein halbes Jahr zu lange gedauert, das kann man nicht anders sagen. Aber Sciroccos erster großer Fehler war nun einmal, das einfach nicht akzeptieren zu wollen. Er war der festen Überzeugung, dass Tina mit dieser Nummer einfach nicht ungeschoren davonkommen dürfte. Was genau genommen sogar schon sein zweiter großer Fehler war.

Aber ich merke, dass man diese Geschichte eigentlich ganz anders anfangen müsste. Also vergessen Sie das mit Scirocco einfach. Oder wenn das nicht geht, schieben Sie es wenigstens ganz weit in die äußerste Ecke Ihres Hinterkopfs. Zum gegebenen Zeitpunkt holen wir das da schon wieder raus.

Ja, dieser Anfang ist sicher besser: Es muss rückblickend als verhängnisvolles Missverständnis bezeichnet werden, dass Traudel, Hildchen und Hubertine, die drei steinalten Damen vom Dorf, sich beim Studium des Herbstprogramms der VHS Vulkaneifel dermaßen in der Zeile vertan hatten.

Dass sie am Mittwochabend um Viertel vor acht die Tür zur städtischen Sporthalle öffneten und sich dort nicht, wie sie es ursprünglich geplant hatten, im Anfängerkurs »Bodenturnen für Seniorinnen« zum Zweck der Kreislaufanregung, Haltungsschulung und Vernetzung von Hüftmuskulatur und Beckenstellung wiederfanden, verwirrte nicht nur die drei, sondern auch die anderen, deutlich jüngeren Kursteilnehmerinnen. Traudel, Hildchen und Hubertine waren, wie bei der Anmeldung gefordert, mit Handtuch, Decken und dicken Socken angetreten, um nun einmal etwas für ihre Gesundheit zu tun. In der Vergangenheit waren es Kurse wie »Barockrahmenbasteln mit Salzteig« oder »Wir filzen Kochtopfuntersetzer« gewesen oder Diavorträge wie »Mit dem Rucksack durch die Rhön« und »Unbekanntes Urlaubsland Kirgisien«, die sie in die Volkshochschule gelockt hatten. Jetzt sollte es mal etwas für den Körper sein.

Die angepriesene Beckenbodengymnastik hatte nicht nur die Aussicht auf einen gesunden Beckenbodentonus verheißen, sondern zudem versprochen, der drohenden Inkontinenz vorzubeugen. Gerade die Aussicht auf Letzteres hatte die drei ja durchaus angesprochen.

Die anderen Anwesenden waren sieben Frauen zwischen siebzehn und siebenundvierzig und eine muskulöse Trainerin undefinierbaren Alters, die offenbar gleich ahnte, dass hier etwas falsch lief.

»Das ist hier der Kurs ›Selbstverteidigung für Frauen‹. Sind Sie angemeldet?«

Traudel, Hildchen und Hubertine waren zusammen schon über 240 Jahre alt und staunten in diesem Moment nicht schlecht über ihre eigene Spontaneität, als sie simultan nickten. Man konnte das ja mal versuchen, das mit der Selbstverteidigung. Und vielleicht half es ja auch ein bisschen gegen Inkontinenz.

Also bejahten sie die Frage, entledigten sich des größten Teils ihrer Kleidung und harrten der Dinge, die da kommen sollten. Die durchtrainierte Kursleiterin, an deren Hals die Adern so dick wie Abschleppseile hervortraten, stellte sich als Karla Zeiß-Hartschnabel vor. Ihre Augenbrauen hätten als Schnurrbärte durchgehen können, und sie hatte die Stimme eines amerikanischen Drill-Sergeants. »Soso, ihr seid es also auch leid, ständig angegafft, befummelt und mit den Augen ausgezogen zu werden, was?«

Traudel war seit dreiundzwanzig Monaten glückliche Witwe, Hildchens Mann Ludwig pendelte mit beruhigender Trägheit zwischen Fernsehsessel und Kneipe, und Hubertine hatte ihren Arthur schon vor mehr als zwanzig Jahren in die Wüste geschickt. Genauer gesagt in den entlegensten Zipfel des Hunsrücks.

»Man betatscht euch, starrt euch ins Dekolleté … das ist doch so, oder?« fuhr Karla Zeiß-Hartschnabel fort, während sie die drei alten Damen umrundete, die Hände hinter dem Rücken verschränkt.

Nun ja, das hatten sie natürlich schon erlebt, aber sie erinnerten sich nicht mehr so richtig daran. Im Allgemeinen hatten sie in den letzten Jahren eher die Erfahrung gemacht, dass man allein schon wegen ihres Alters etwas vorsichtiger mit ihnen umging.

»Fein, fein, dann lasst uns beginnen!«, trompetete Karla und zog eine mannsgroße Stoffpuppe aus einem

Koffer, die reichlich selbst gemacht aussah. »Das ist Achim.« Ihr Tonfall wurde ätzend. »Und Achim ist ein echter Mistkerl!« Sie hatte ihm mit Knöpfen zwei Augen gemacht, und eine im Zickzack genähte Linie sollte wohl einen anzüglich grinsenden Mund darstellen. »Unser Mistkerl.«

Sie drehte den Kopf der Puppe um hundertachtzig Grad, sodass sie ihm in die Knopfaugen gucken konnte, ohne dass der Körper mitgedreht wurde.

»Tut das weh?«, fragte Hildchen.

»Mir nicht«, antwortete die Trainerin diabolisch. »Wenn es ihm wehtut … selber schuld.«

Und dann demonstrierte sie den Frauen eine volle Stunde lang, wie man sich dem Handgriff eines Mannes entwand, wie man ihm möglichst tief die Finger ins Auge stieß oder im richtigen Winkel das Knie zwischen die Beine rammte. Und von Minute zu Minute steigerte sich Karla Zeiß-Hartschnabel regelrecht in ihre Vorführung hinein.

Irgendwann drückte sie einer der jüngeren Teilnehmerinnen den Stoffachim in die Hand und baute sich vor ihr auf. »Wir gehen jetzt mal in die Kampfstellung.«

»Kampfstellung?«, raunte Hubertine Traudel zu.

»Ja, ganz richtig. Kampf!« Karla Zeiß-Hartschnabel hörte alles. Und sie erklärte gerne alles bis ins Detail. »Das starke Bein nach hinten versetzt und die Deckung am Kopf. Die vordere Faust ist unterm Auge, und die hintere Faust schützt das Kinn.«

Die Frauen taten es ihr nach. Die dürre Traudel, das kleine, bucklige Hildchen und die kugelrunde Hubertine fanden nur mit äußerster Konzentration in diese

Stellung hinein, aber irgendwann waren sie schließlich bereit. Leicht schwankend und mit zitternden Fäusten.

»Und dann kommt der Punch!« Karlas Faust flog nach vorne und grub sich tief in das Stoffgesicht. Ein Knopfauge flog durch die Luft. »Und jetzt ihr!«

Sie reichte den schlabbrigen Körper weiter. Die jüngeren Frauen waren der Reihe nach dran, bevor schließlich auch die drei Seniorinnen ihr Glück versuchen durften.

Traudel machte es ganz gut. Die ersten Holzwollflocken quollen aus Achims spontan erblindetem Augenloch.

Bei Hildchen krachte es sogar, als die Faust das Stoffgesicht traf.

»Super, ich höre das Jochbein brechen!«, jubelte Karla.

»Nein, das war in meiner Schulter!«, jammerte die wackelige, alte Frau.

Und Hubertine, die ihre umfangreiche Körpermasse nur schwer in der Balance halten konnte, verlor beim Punch das Gleichgewicht und stürzte auf die Puppe, die sofort ein flunderartiges Äußeres annahm. Das ließ Karla großzügig gelten.

Ihre Kommandos schallten unentwegt durch die Turnhalle, und nach und nach erfüllte herber Schweißgeruch in verschiedenen Nuancen die Luft.

»Jetzt der Frontkick. Knie heben, Bein nach vorne stoßen! Drückt dabei die Hüfte nach vorne, damit ihr das Körpergewicht voll reinbringen könnt!«

»Meine Bandscheibe!«, heulte Traudel.

Aber es ging weiter und weiter. Immer wieder die Kampfposition, und dann: »So, Achim, du Scheißkerl, jetzt kommt der Roundhouse-Kick! Mit dem Knie des hinteren Beins zielen, Mädels. Und dann das Standbein drehen, damit sich eure Hüften öffnen können!«

»Hüfte öffnen? Ich hab doch schon ein offenes Bein!«, maulte Hildchen.

»Los, zackig! Voll auf die Milz! Und dann das vordere Bein in die Leber!«

Traudel rief verzweifelt: »Höher geht bei mir aber nicht.«

»Dann zertrümmerst du eben seine Kniescheibe!«

Nach anderthalb Stunden waren die Frauen am Ende ihrer Kräfte. Sie verabschiedeten sich brav von der Trainerin und den jüngeren Kursteilnehmerinnen und krochen und humpelten jammernd nach Hause.

Der Muskelkater hatte die Drei danach fast eine ganze Woche lang in seinem unbarmherzigen Griff. Auch an »Bodenturnen für Seniorinnen« war jetzt nicht mehr zu denken.

Sie schworen sich, dass sie unter keinen Umständen mehr eine weitere Kurseinheit dieser Schinderin besuchen würden. Dieser Kurs war nichts für sie. Sie waren gestandene Eifelerinnen, aufgewachsen im dörflichen Umfeld, gewohnt, es mit Wind und Wetter aufzunehmen. Sie hatten Zeit ihres Lebens Vieh versorgt, auf dem Feld geholfen und hatten auch beim Hausbau mit vollem Körpereinsatz mindestens zwei Handlanger ersetzt. Sie mussten sich nichts mehr beweisen, auch wenn sie jetzt alt und gebeugt waren.

Aber dennoch hatte Karla Zeiß-Hartschnabel mit ihrem Drill Spuren in ihrer Psyche hinterlassen. Traudel, Hildchen und Hubertine entdeckten es unabhängig voneinander.

Traudel spürte als Erste eine Veränderung. Es wurde ihr beim Zahnarztbesuch klar, dass sie anders reagierte als sonst. Sensibler. Dr. Flöter war ein schöngeföhnter Geck und hielt sich selbst für einen ausgemachten Spaßbolzen. »Da ist ja mein steiler Zahn«, trompetete er. Und »Willkommen auf der Bohr-Insel!« Oder »Kennen Sie den? Was ist rot und schlecht für die Zähne? Na? Ein Ziegelstein!«

Sonst hörte sie immer weg und lauschte ihrem Tinnitus hinterher, wenn er seine Witzkanonade abfeuerte, aber heute krampfte sie sich mit den Fingern um die Lehnen des Zahnarztstuhls.

»Welche Schlange hat keine Zähne?«, fragte der Scherzbold, während er in ihrem Mund herumstocherte. »Die vor der Essensausgabe im Altenheim!«

Ein Punch, dachte Traudel grimmig, ein Punch mitten in sein dämliches Gesicht, und er würde keine Witze mehr über Zähne machen.

Bei Hildchen geschah es am Bäckerwagen, der unerwartet eine Straßenecke weiter anhielt, als das üblicherweise mittwochs der Fall war. Dort, wo er normalerweise stand, dröhnte an diesem Tag ein Zementmischer vor sich hin, weil die Neuen aus der Stadt eine Bodenplatte für ihr Fertighaus gegossen bekamen. Ein Lehrerehepaar! Mit einem Fertighaus, das hier überhaupt nicht hinpasste, nebenbei gesagt. Sie hatte ihre liebe Mühe, mit ihrem Rollator schnell genug die viel weitere Strecke zum Bäckerwagen zurückzulegen, um ihren Eifeler Roggenbrocken mit der dunklen Kruste zu kaufen. Den, der immer so schnell ausverkauft war.

Der schlaksige Lehrer grüßte sie übertrieben freundlich, als sie keuchend den Wagen erreichte. Wegen seiner dämlichen Bodenplatte hatte sie mit ihren 82 Jahren einen Sprint wie eine Jungsportlerin hinlegen müssen! Er hielt eine Tüte Brötchen in den Händen. Und den letzten Roggenbrocken! Hildchen spürte, dass sie unwillkürlich Anstalten machte, in die Kampfstellung zu gehen.

Bei Hubertine kam es zur ersten prekären Situation während ihrer allwöchentlichen Arbeit in der Kirche. Sie war seit über vierzig Jahren für den Blumenschmuck zuständig und hatte gerade am Marienaltar den stets gleichen Strauß aus blassgelben Spinnenchrysanthemen, roten Nelken und lilafarbenen Gladiolen in der Vase arrangiert, da schnaufte hinter ihr Pastor Bartels vernehmlich und knarzte: »Oh Mann, schon wieder das blöde Friedhofsgemüse.« Sie hatte sich erschrocken umgewandt und ihr Hörgerät justiert, und er hatte mit dem Kopf gewackelt und hinterhergesetzt: »Kann man ja vielleicht auch mal ein bisschen peppiger machen.« Sein Blick fuhr einmal ihren fast achtzigjährigen Körper hinunter und wieder hinauf. »Obwohl … nee, lass mal.«
Seit vierzig Jahren waren ihre Sträuße immer gut genug gewesen. Und jetzt sollte es auf einmal peppiger sein? Sie starrte den Pfarrer an, die Haare, die sich ihm aus der Nase kräuselten, roch den Zigarrenmief, der seiner Kleidung entströmte, und überlegte instinktiv, welche Krümmung des Knies wohl empfohlen wurde, um den größtmöglichen Schmerz zu verursachen.

Es war allen dreien so, als steige der Druck im Dampf-kessel bedrohlich an. Bei jeder Konfrontation hatten sie das Gefühl, ein Ventil für ihre Wut finden zu müssen. Das hatten sie vor dem Selbstverteidigungskurs gar nicht gekannt. Traudel klopfte jetzt täglich stundenlang ihren Teppich aus. Hildchen begann, Holz zu hacken, obwohl sie überhaupt keinen Ofen besaß. Hubertine guckte sich auf dem Laptop ihres Enkels ganze Abende lang Chuck Norris- und Bruce Lee-Filme an. Wie lange konnte das noch gut gehen, bevor eine von ihnen aus-rastete?

So, und das wäre jetzt eigentlich der Zeitpunkt, an dem wir wieder zu Hartmut »Scirocco« Dünstekoven zu-rückkommen könnten. Sie erinnern sich? Scirocco, dem gerade Tina den Laufpass gegeben hat. Tina, das was-serstoffblonde Püppchen, das er im Frühjahr in der Dis-co aufgerissen hat und dem er jetzt seit einem Dreivier-teljahr seine gesamte Freizeit geopfert hat. Alles hatte er umstrukturiert wegen ihr. Die Jungsabende und die Sauftouren, den Kumpelsurlaub auf Malle … nun gut, das alles hat er nicht direkt aufgegeben, aber es hat ihm alles nur halb so viel Spaß gemacht wie sonst, weil Ti-na ewig rumgenörgelt hat, er würde sie vernachlässigen und so. Dabei hat er sie doch verwöhnt wie keine vor-her! Jede Woche mindestens dreimal in die Dönerbude. Sein Auto hat sie sogar fahren dürfen, wenn er wieder mal richtig dicht gewesen war. Zwei Meerschweinchen hat er ihr gekauft und geile Unterwäsche am laufenden Band, und ihre doofen Tattoos und Piercings hat er ihr auch bezahlt!

Die Tattoos kann er wohl kaum zurückverlangen, aber diese Piercings, das hat sich Scirocco in den kahl rasierten Kopf gesetzt, die wird er ihr heute Abend einzeln rausrupfen. Alle sieben Stück!

Wo waren wir bei der Durchnummerierung von Sciroccos groben Fehlern stehen geblieben? Egal, sagen wir der Einfachheit halber mal, der Plan mit den Piercings ist Sciroccos Dritter. Zu diesem Plan gehört nämlich dazu, dass er Tina vor ihrer Haustür auflauert. Ein großes Mehrfamilienhaus mit schummriger Außenbeleuchtung. Er wird sie daran hindern aufzuschließen, ihr den Mund zuhalten und sie hinter die Garagen zerren. Und dort wird er ihr dann zeigen, dass man einem wie Scirocco besser gehorcht. Er wird es ihr so zeigen, dass sie noch wochenlang dran denken wird.

Nervös raucht er eine Kippe nach der anderen. Und am Flachmann nuckelt er auch alle paar Minuten. Das könnte man jetzt auch als Fehler bezeichnen, aber bei solchen allgemeinen Sachen wollen wir mal großzügig sein.

Der kleine knallrote Mini von Tinas Freundin kommt angerauscht, und die Beifahrertür springt auf. Die kleine, blonde Tina hüpft raus, beugt sich noch einmal zur Türöffnung hinunter, lautes Gekicher, es werden ein paar Worte gewechselt, und dann wird die Tür wieder zugeworfen.

Scirocco steckt den Flachmann weg und lässt den Schlagring über die Finger der rechten Hand gleiten.

Der Mini braust davon, Tina guckt kurz auf ihr Handy und stöckelt dann auf das Haus zu. Gerade, als sie anfängt, in ihrer Handtasche nach dem Schlüssel zu kramen, springt Scirocco aus seinem Versteck hinter den Mülltonnen hervor und packt sie. Seine Linke legt sich gleich auf ihren Mund, mit der Rechten lässt er sie kurz los und holt aus, um ihr mit dem Schlagring so richtig schön …

… als er ein staubtrockenes Hüsteln hört. Irritiert blickt er auf und entdeckt drei Greisinnen, die auf dem Bürgersteig innegehalten haben und mit offen stehenden Mündern das Geschehen verfolgen.

Man kann nicht mit Sicherheit sagen, ob das, was Scirocco jetzt tut, noch ein weiterer Fehler ist. Man kann ihn auch einfach zum letzten dazuzählen. Er blafft nur: »Was glotzt ihr so doof?«

Es ist eigentlich egal, was er gesagt hätte, ob »Guten Abend, die Damen« oder »Kann ich Ihnen irgendwie helfen?« – alles hätte mit Sicherheit doch zum selben Resultat geführt. Die drei Omas starren ihn nur noch intensiver durch ihre altmodischen Hornbrillen an.

Er kann ja nicht ahnen, dass diese drei steinalten Frauen gerade von dem Volkshochschulkurs »Kirschkernkissen selber häkeln« kommen und in Richtung Bushaltestelle unterwegs sind, um nach Hause in ihr kleines Dorf zu fahren. Er sieht nur drei ausnehmend gebrechliche Gestalten. Ein klappriges, dürres Geripp, eine bucklige Schildkröte mit Rollator und eine dicke, verschrumpelte Wurst im Kamelhaarmantel. Vor allen Dingen kann Scirocco nicht ahnen, dass eine jede von ihnen gerade beginnt, stumm das erst kürzlich Gelernte zu memorieren. Das starke Bein nach hinten versetzt und die Deckung am Kopf. Die vordere Faust ist unterm Auge, und die hintere Faust schützt das Kinn.

Worte wie Frontkick und Roundhouse-Kick rotieren in diesem Moment durch ihre Köpfe. Sie mustern seinen Körper und lokalisieren mit wissendem Blick die Position von Milz und Leber. Sie machen sich bereit, um sich auf dem Standbein zu drehen und ihre Hüfte zu öffnen.

Scirocco ist sauer, weil er bei seinem schönen Rachefeldzug unterbrochen wird. Er stößt die wimmernde Tina von sich, sodass sie hart auf dem Pflasterplatz aufschlägt, und dann geht er mit wiegendem Schritt auf die drei Frauen zu. Breitbeinig stellt er sich vor sie hin, stemmt die Hände in die Seiten und zieht die Nase hoch. Das alles macht er betont langsam, lässig, großkotzig. Und jetzt, genau in diesem Moment macht Hartmut »Scirocco« Dünstekoven seinen größten – und man muss es leider sagen: seinen letzten – Fehler: Er spuckt geräuschvoll auf den Boden und sagt grinsend: »So, was ist denn euer Problem, ihr Krücken? Wollt ihr ein paar Ohrfeigen?«

Drei Kopfschüsse für Aschenbrödel

Im Gasthaus zur Alten Post erfüllte gelbliches Dämmerlicht den Schankraum. Die Kneipe war schon geschlossen, und Juppes und sein Kumpel Päul schlürften an ihrem letzten Feierabendbier rum. Sie verfolgten von ihrer Position am Stammtisch bei der Pokalvitrine aus mit nahezu teilnahmslosen Mienen Lottes unablässige Bewegungen. Mit hochrotem Kopf kletterte sie die Aluminiumleiter hinauf und wieder herunter und kämpfte währenddessen mit knisternden grünen Weihnachtsgirlanden aus Kunststoff. Immer wieder zupfte sie ihren Pulli zurecht und fuhr sich über die verschwitzte Stirn.

Irgendwann knurrte ganz laut ein Magen. Die beiden Männer musterten einander, betrachteten dann ihre Bäuche und kamen überein, dass es wohl der von Juppes gewesen sein musste. Eine halbe Minute später antwortete der von Päul in ähnlicher Lautstärke.

»Ähm, Liebchen«, sagte Juppes vorsichtig. »Sag mal, hast du heute eigentlich gar nix gekocht?«

»Nee, hab ich heute keine Zeit für gehabt«, sagte Lotte und betrachtete mit schiefgelegtem Kopf den blinkenden Stern, den sie ins Fenster gehängt hatte. »Morgen ist ja hier Weihnachtsfeier vom Musikverein, und da muss die Dekoration fertig sein.«

»Das ist aber schade«, murmelte Päul und unterstrich seine Worte mit einem weiteren gurgelnden Magenknurren. »Wenn du noch nen Nikolaussack brauchst, kannste meinen Magen nehmen. Der hat nämlich schon Falten, so leer ist der.«

»Paar Plätzchen hätte ich da noch«, sagte Lotte und bückte sich, um in einem weiteren Karton zu kramen. »Makrönchen und Zimtsterne und so …«

»Na ja, wenigstens was zu kauen.« Seufzend machte sich Juppes auf den Weg in die Küche und kehrte kurz darauf mit einer großen Tupperdose voller Backwerk zurück. Er ließ sich wieder auf die Bank fallen und stocherte mit dem Zeigefinger zwischen den Keksen herum. »Bei Weihnachtsplätzchen muss ich ja immer an Johannes und Annemarie denken.«

»Johannes und Annemarie?« Päul sah ihn fragend an.

»Schäng und Annemie, die zwei aus dem alten Fachwerkhäuschen unten am Bach.«

»Ach, Annemie Ichkannemieh!«, kicherte Päul.

»Und der Schöne Schäng!«, ergänzte Lotte grinsend. »Der mit dem Zottelbart.«

»Ja genau, die beiden. Obwohl die Plätzchen ja an der ganzen Katastrophe gar nicht Schuld waren.« Eine Handvoll Gebäck verschwand in seinem Mund, und es krachte gedämpft, während er kaute.

Lotte entschloss sich, ein Päuschen zu machen, setzte sich zu ihnen und zündete sich eine Zigarette an.

Päul, der mit seinem maroden Gebiss Mühe zu haben schien, die Makrone zu kauen, schob ihr die Keksdose hin, aber sie winkte ab. Sie machte gerade die Farben-Diät, bei der sie pro Woche nur einfarbige Lebensmittel essen durfte. Diese Woche war Lila dran: Auberginen und Pflaumen.

Päul fiel ein alter Witz ein: »Sagt die eine Putzfrau zur anderen: ›Ich maach Diät.‹ Sagt die andere: ›Ja jut, wenn du die Ääd mähs, maach ich die Fenster.‹« Als er laut loslachte, rieselten Krümel über den Tisch.

»Los, erzähl mal dat mit dem Schäng un der Annemie!«, forderte Lotte.

Und Juppes legte los: »Da gibt es ja diesen Weihnachtsfilm ›Drei Haselnüsse für Aschenbrödel‹. Der mit dem Prinz und dem Mädchen.«

»Oh ja, der ist echt voll schön!«, seufzte Lotte.

»Jaja, da bist du nicht die Einzige, die das findet. Eigentlich ist das ja ne ganz einfache Geschichte. Der Prinz ist im Schnee unterwegs und trifft das Mädchen, und am Ende heiraten die.«

»Und dazwischen?«, fragte Päul.

»Passiert noch alles mögliche andere.«

»Was denn?«

»Egal.«

»Und die Nüsse?«

»Die sind auch dabei!«, polterte Juppes. »Jetzt lass mich doch mal erzählen!«

»Der Film kommt ja jetzt auch wieder im Fernsehen!« Lotte klang richtig begeistert.

»Oh jaaa! Ganz genau, der kommt jetzt wieder im Fernsehen.« Juppes nickte mit verkniffenen Mundwinkeln. »Und zwar nicht nur einmal. Auch nicht zwei oder drei Mal. Zwölf Mal allein dieses Jahr. Und das war ja damals bei Annemie und Schäng auch das Problem.«

»Wieso?«

»Könnt ihr euch vorstellen, wie das ist, wenn einen so ein Film in den Bann schlägt? So, dass man nicht mehr davon loskommt? Also so richtig süchtig macht?«

»Och, da bin ich nicht gefährdet«, sagte Päul nachdenklich. »Ich schlaf sowieso bei jedem Film schon bei der Titelmusik ein.«

»Na ja, also bei manchen Leuten kann so ein Film wie Aschenbrödel jedenfalls verheerende Folgen haben. Das ist ja teuflisch. Zuerst kommt der einmal im Jahr, dann im nächsten Jahr zweimal, und weil das so erfolgreich ist, zeigen sie den im nächsten Jahr dann gleich fünf oder sechs Mal. Und wenn der dann zwölf Mal kommt, und wenn man dann jedes Mal vorm Fernsehen kleben bleibt, also gar nicht mehr abschalten will, dann kann man ja schon irgendwie von Sucht sprechen.«

»Oh ja, das kriegst du nur mit Akupunktur weg«, sagte Päul kichernd.

»Ja von wegen Akupunktur. In dem speziellen Fall hätte die überhaupt nix geholfen. Da bahnte sich ne fiese Krise zwischen dem Schäng und der Annemie an!«

Lotte klebte regelrecht an seinen Lippen. Juppes konnte so spannend erzählen. Und es war so ein schönes Weihnachtsdrama, das er da vor ihnen entfaltete.

»Irgendwann waren nämlich die Sendungen im Fernsehen nicht mehr genug, müsst ihr wissen. Da wurde der Film dann auf Video aufgenommen. Und dann immer und immer und immer wieder abgespielt, bis das Band schon ganz knittrig wurde. Und dann kam der Film eines Tages auf DVD raus. Und in den Zeiten, in denen der mal ausnahmsweise nicht im Fernsehen lief, nudelte der DVD-Player das Ding nonstop rauf und runter. Der Apparat ist beinahe heißgelaufen. Und irgendwann lief der Film dann überall gleichzeitig. Und zwar in den verschiedenen Zimmern von dem kleinen Fachwerkhäuschen. Im Fernseher im Wohnzimmer und auch in dem im Schlafzimmer, auch auf dem Laptop in der Küche und neuerdings sogar über so ein Streaming-Dingens auf dem Tablet-Computer auf dem Pott.«

»Oweiowei.« Päul zog scharf die Luft zwischen den Zähnen ein.

Juppes schob grimmig die Unterlippe vor. »Das macht natürlich kein Ehepartner ewig mit, ist ja klar.«

»Klar«, sagte Lotte.

»Klar«, sagte Päul.

»Und wisst ihr, wenn die Weihnachtszeit dann irgendwann länger und länger wird – also nach hinten raus länger und nach vorne auch. Also so, dass die übers Jahr fast am Ende und am Anfang wieder zusammenwächst, und wenn dann dauernd auf allen Bildschirmen dieser Film läuft, dann steuert das irgendwann auf eine Katastrophe zu, ist ja auch klar.«

»Ist ja auch klar«, sagte Lotte.

»Ist ja auch klar«, sagte Päul.

»Das Telefon von denen hatte irgendwann die Melodie vom Aschenbrödel als Klingelton. Und auch die Türglocke. Und der Radiowecker. Stellt euch mal vor, morgens schon beim Wecken: Bimmm Bimm Bimmbimm Bimmbimmbimmbimmbimm … Es gab irgendwann nur noch Aschenbrödel-Bettwäsche, bunte Aschenbrödel-Tassen, kitschige Aschenbrödel-Butterbrotdosen, und Aschenbrödelposter in allen Größen an allen Wänden. Aschenbrödel-Duschvorhang … Aschenbrödel-Pantoffel …«

»Oh, die will ich auch haben!«, jauchzte Lotte.

»Ach ja?«, blaffte Juppes. »Willst du dann etwa auch das original nachgeschneiderte Prinzessinnen-Ballkleid für siebentausendzweihundertsechsundfünfzig Euro? Und willst du das dann auch irgendwann nicht mehr nur noch zu Karneval tragen, sondern auch jedes Mal, wenn du dir diesen Film anguckst? Und willst du das dann auch irgendwann überhaupt nicht mehr ausziehen?«

Lotte schwieg betroffen.

»Siehste! Verstehst du jetzt, was ich mit Aschenbrödel-Sucht meine? Das ist eine Krankheit. Da gehört man weggesperrt mit.«

»Aber das tut doch keinem weh«, wandte Päul zaghaft ein.«

Juppes guckte ihn mit feurigem Blick an. »Hast du ne Ahnung! Stell dir das doch mal vor. Es ist Winter, es hat geschneit. Man kommt nach Hause. Hat neun Stunden Schicht bei einem Wachdienst gehabt. Es ist kalt. Man hat sich den ganzen Tag den Arsch abgefroren. Womöglich noch Zoff mit irgendwelchen Einbrechern oder Randalierern gehabt. Man hat sich bei den Kollegen einen Schluck Kaffee erbettelt, weil man selbst keinen mehr mit in der Thermoskanne auf die Arbeit kriegt. Die haben einem dann auch noch ein paar ömmelige Plätzchen überlassen, weil sie Mitleid mit einem haben. Dann kommt man endlich nach Hause, hundemüde, total durchgefroren, hungrig. Die ganze Bude ist total dreckig, weil überhaupt nicht mehr Staub gesaugt wird. Nie! Weil die Spinnen seit Monaten freie Bahn haben und überall Kirmes machen. Der Kühlschrank ist gähnend leer, weil überhaupt nicht mehr eingekauft wird, es ist stockdunkel, weil keiner Licht anmacht, ja, weil nicht mal mehr das Leuchten von den Straßenlaternen durch die dreckigen Fenster reinkommt! In allen, wirklich in allen Zimmern flackert aber dafür ›Drei Haselnüsse für Aschenbrödel‹ durch die Dunkelheit, und der

Mensch, dem man vor fünfzehn Jahren in der Kirche feierlich das Jawort gegeben hat, sitzt da mit Aschenbrödel-Pantöffelchen an den Füßen vor dem Fernseher, in einem riesigen strassbesetzten Ballkleid und mit Krönchen auf dem Kopf, trinkt Tee aus dem Aschenbrödel-Tässchen und spricht dabei buchstäblich jeden einzelnen Satz von dem doofen Film laut mit! Stellt euch das doch mal vor!«

Die beiden anderen hatten vor stummem Entsetzen die Münder weit offen stehen.

»Ja, und plötzlich ist da die Knarre von der Arbeit, die dir wie von selbst aus dem Holster in die Hand rutscht, und dann kommt der erste Schuss, der den Fernseher trifft, und dann noch mal Peng, Peng, Peng! Und dann ist endlich Ruhe!«

Juppes trank sein Bier leer, und Päul traute sich jetzt auch endlich wieder sein Plätzchen zu Ende zu kauen. Er hatte es schon so sehr eingespeichelt, dass es gar nicht mehr knusperte.

»Kann ich irgendwie verstehen«, sagte Lotte leise. »Dass der ausgerastet ist.«

»Wer?«, fragte Juppes.

»Na der Schäng!«

»Der Schäng? Der Schäng?«, sagte Juppes empört. »Der Schäng, der hat ja gar nicht mitgekriegt, dass die Annemie von der Arbeit kam. Der hat sich erst zu ihr rumgedreht, als der erste Schuss den Fernseher zertrümmert hat. Da hat er sich das Krönchen geradegerückt, und dann kamen auch schon die nächsten drei Kugeln und haben dem den Kopf unterm Krönchen weggeschossen!«

Ein paar Minuten herrschte Stille, und die drei starrten auf das Weihnachtsgesteck auf dem Kneipentisch. Päul trank jetzt auch sein Bier leer.

Lotte seufzte tief. »Boah, was für ne schlimme Geschichte.« Dann klatschte sie sich auf die Schenkel und erhob sich. »So, Jungens, und jetzt ist Feierabend. Morgen hab ich viel zu tun, und heute Abend will ich mal nen Ruhigen machen. Im Fernsehen kommt nämlich ›Der kleine Lord‹. Guck ich jedes Jahr!«

Fetisch Christmas

Lars Chrismes und Heidi Bumbeidschi,
die waren ein beinhartes Paar.
Sie fesselte ihn, und er peitschte sie.
So ging das schon lang wunderbar.

Mit der Lichterkette gebunden,
nahm's für Lars stets den gleichen Verlauf,
bei den Jingle Bells, ihren runden,
stellt sich die Christbaumspitze rasch auf.

Doch stets Dulci Jubilo wird fade.
Irgendwann hing zum Hals es ihr raus.
Ihr war's um die Zukunft zu schade.
Sie sprach: »Merry Chrismes, 's ist aus!«

Ganz fest stopft sie dann seinen Knebel.
Er röchelt und stirbt gleich vor Ort.
Sie verschwindet zur Weihnacht im Nebel,
geht mit Udo Fröhliche fort.

Ralf Kramp

KURZ UND KOPFLOS

Taschenbuch, 240 Seiten
ISBN 978-3-95441-483-3
12,00 EURO

Warum denn nicht mal hinterrücks?

Manche Menschen reagieren regelrecht kopflos. Andere fühlen sich manchmal wie erschlagen oder erschossen. Das könnte daran liegen, dass sie gerade zu Mordopfern in einer von Ralf Kramps tiefschwarzen Storys geworden sind. Da gehen die Mörderinnen und Mörder nämlich nicht gerade zimperlich mit ihnen um.

Mit Gift, Messer, Revolver und anderen Gerätschaften sorgt der König des Kurzkrimis dafür, dass sie bald keinen Mucks mehr tun. Eins ist sicher: Wer sich diese mordsmäßig munteren Kabinettstückchen in Reimform und Prosa zu Gemüte führt, wird schon mal nicht an Langeweile sterben. Totlachen wäre da schon eher angesagt.

»Kriminell spannende und verboten lustige Unterhaltung vom Feinsten.«
(krimiforum.de zu »Im wahrsten Sinne des Mordes«)

»Schreiend komisch und höchst amüsant.«
(Aachener Zeitung)

KRIMINALROMAN

KBV

Ralf Kramp (Hg.)

TATORT EIFEL 7

Taschenbuch, 240 Seiten
ISBN 978-3-95441-478-9
12,00 EURO

Gänsehautentzündung garantiert!

Wer die Eifel besucht, ahnt ja nicht, dass überall hinter der
traumhaften Kulisse dieser landschaftlichen Schönheit das
Verbrechen brodelt. Die Maare sind schrecklich tief, die Wälder gnadenlos verschwiegen, und hinterm putzigen Fachwerk
lauern Mord und Totschlag.

Die Eifel ist schon seit mehreren Jahrzehnten Deutschlands
berühmteste Krimilandschaft und inspiriert zahlreiche Auto-
rinnen und Autoren zu ihren mörderischen Geschichten. Alle
zwei Jahre findet hier auch das Festival Tatort Eifel statt, in
dessen Rahmen unter anderem der Deutsche Kurzkrimipreis
verliehen wird. Die sechs Finalisten des Wettbewerbs sind
ebenso in diesem Buch vertreten wie die Crème de la Eifel-
Crime mit ihren brandneuen Geschichten: Carola Clasen,
Carsten Sebastian Henn, Martina Kempff, Stefan Barz, Elke
Pistor und viele mehr.

KRIMINALROMAN

KBV

Ralf Kramp (Hg.)

**DAS CAMPEN IST
DES MÖRDERS LUST**

Taschenbuch, 304 Seiten
ISBN 978-3-95441-519-9
13,00 EURO

Freiheit, Frischluft, Meuchelmord

**Auf ins Urlaubsvergnügen! Mit Caravan, Wohnmobil oder
Zelt geht es in die Ferne, weg vom Alltag und hinein ins
Abenteuer! Doch wieviel Abenteuer kann man vertragen?
Gehören Mord und Totschlag auch dazu?**

**Lauert nicht die Gefahr schon an der Raststätte? Wartet das
Böse womöglich in der Campingplatzdusche oder am Lager-
feuer? Ist die Kleinfamilie im Nachbarcaravan womöglich
die Spitze eines Mafia-Clans, die Oma im Einmannzelt eine
rüstige Auftragskillerin, der nette Platzwart vielleicht sogar
ein Serienmörder? Wenn sich die Campingplatzschranke
schließt, gibt es kein Zurück mehr …**

**In den Geschichten von Tatjana Kruse, Klaus Stickelbroeck,
Peter Godazgar, Carsten Sebastian Henn und vielen anderen
Krimi-Spezialisten geht es jedenfalls mörderisch unterhalt-
sam zu.**

*»Wer auf skurrile und amüsante Krimi-Kurzstories steht, der ist
mit dieser köstlichen Anthologie bestens bedient.« (mywoman.at zu
»Aufgebockt und abgemurkst«)*

*»Ein tolles Buch und wunderbare Kurzkrimis für Camper. Die Ge-
schichten sind wie mitten aus dem Leben…« (Fachbuchkritik.de
zu »Chillen, killen, campen«)*

A.N. Onym

**ACHT LEICHEN
ZUM DESSERT**

Taschenbuch, 304 Seiten
ISBN 978-3-95441-321-8
12,00 EURO

Acht Tage, acht Autoren, acht Ermittler

*Wenn Privatdetektiv Wilsberg auf Julius Eichendorff trifft,
wenn Herbie Feldmann und Siggi Seifferheld gemeinsame Sache
machen …*

In einem entlegenen Winkel der Eifel steht das Stammhaus
des berühmten Pudding-Imperiums »Tante Tine«. Die alte
Unternehmensgründerin Albertine Bernardy will anlässlich
des Firmenjubiläums die Nachfolge klären und hat ihre Familie um sich versammelt. Aber ein plötzlicher Todesfall er-
schüttert das kleine Dorf, und die Festlichkeiten drohen in
einer Katastrophe zu enden.

Zum Glück befinden sich zur gleichen Zeit acht berühmte Er-
mittler vor Ort: Privatdetektiv Wilsberg, Spürnase Britta
Brandner, Hobbydetektiv Vincent Jakobs, Meisterkoch Julius
Eichendorff, LKA-Profilerin Wencke Tydmers, Privatdetektiv
Waldo, Kommissar a. D. Siegfried Seifferheld und der Spinner
Herbie Feldmann. Sie alle stecken mit einem Mal mitten in ei-
nem vertrackten Kriminalfall, wie er ihnen bislang noch nicht
begegnet ist.

Jürgen Kehrer, Sabine Trinkaus, Kathrin Heinrichs, Carsten
Sebastian Henn, Sandra Lüpkes, Peter Godazgar, Tatjana Kruse und Ralf Kramp schicken in diesem Gemeinschaftsroman
ihre beliebten Serienermittler ins Rennen.

KRIMINALROMAN

KBV

Uwe Voehl, Ralf Kramp,
Carsten Sebastian Henn

MORDS-FESTE

Taschenbuch, 368 Seiten
ISBN 978-3-95441-358-4
11,95 EURO

Uwe Voehl, Ralf Kramp,
Carsten Sebastian Henn

MORDS-FESTE 2

Taschenbuch, 400 Seiten
ISBN 978-3-95441-379-9
11,95 EURO

Mords-Feste: Man muss die Leichen feiern, wie sie fallen!

Mords-Geschenk • Mords-Geburtstag • Mords-Ostern • Mords-Muttertag

Die Eifel – Deutschlands mörderischster Landstrich ist auch die Heimat des wohl durchgeknalltesten Ermittler-Trios aller Zeiten: Omma Brock, Kaplan Florian Unkel und Kommissarin Coltella kämpfen für das Gesetz und sorgen für Chaos. Sie zertrampeln Tatorte, verschusseln Indizien und drangsalieren Zeugen. Ihre haarsträubenden Fälle gibt es nun erstmals in gesammelter Form.

Mords-Feste 2: Bei Mord fängt der Spaß an!

Mords-Hochzeit • Mords-Urlaub • Mords-Jubiläum • Mords-Advent •
Mords-Weihnacht

Und wieder geht es mörderisch zu in der Eifel. Das schrägste Ermittlertrio aller Zeiten sorgt einmal mehr für Angst und Schrecken in Verbrecherkreisen und für Chaos und Verwirrung bei den ermittelnden Behörden. Wenn Omma Brock, Kaplan Florian Unkel und Kommissarin Carola Coltella auf Mörderjagd sind, gehen Alibis zu Bruch, Indizien in Rauch auf, und die Zeugen müssen um ihr Leben fürchten!

KBV KRIMINALROMAN